図書館サポートフォーラムシリーズ

デジタル環境と図書館の未来

細野公男／長塚隆 共著

これからの図書館に求められるもの

装 丁：クリエイティブ・コンセプト

はじめに

インターネットで代表される情報技術は、我々の生活に大きな変化を及ぼしています。これは図書館活動・サービスにおいても同様です。デジタルコンテンツの種類と量の増大は、この変化をもたらした大きな要因です。デジタルコンテンツの生産に携わる機関が大幅に増大して情報の入手先がこれまで以上に多様化したこと、また、図書館業務システムの種類が増加したことも、要因としてあげられます。

図書館は、多くの印刷形態資料に基づいて利用者に資料・情報を提供してきました。さらに学習・研究活動そして情報収集や知識獲得のための物理的な場としても機能してきました。この機能は現在でも本質的には変わりませんが、前述した要因によって、実質的な活動・サービスは、大きく様変わりしているのです。

図書館を取巻く環境がこのように著しく変化している今日、図書館の利用者およびこうした人たちを支援する役割を担う図書館は、情報技術が具体的に我々の知的生活にどのような影響を及ぼしているのかを、強く意識しなければなりません。情報技術の光と影を適切にとらえて行動することが、求められているのです。

本書はこのような問題意識に基づいて、情報技術が図書館にどのような影響を具体的に及ぼしているのかを、明らかにすることを試みるものです。情報技術が急速に発展し普及する環境のもとで図書館が本来の役割・機能を果たすためには、どのようなことを意識・注意すべきかを常に考える必要があります。そして、そのためにはどのようなことを学ぶ必要があるのかにも留意することが望まれます。本書は、こうした要件に示唆を与えることを、目指しています。

本書は合計11章から構成されています。1章は、情報技術が図書館にどのように導入されてきたのか、また図書館業務やサービスにどのように適用されてきたのかを歴史的に探ります。2章では現在の図書館で情報技術がどのように導入され利用されているのかを中心に述べています。3章では学術情報の流通体制に情報技術がどのような影響を及ぼしているのかを、具体的な活動例を取上げて説明します。4章では図書館の業務システムがデジタル環境が進展する中で、どのような変容を迫られているのかに焦点を当てて記述しています。5章では図書館活動・サービスの遂行と密接にかかわる法律、権利、訴訟を取上げます。6章では電子ジャーナルなどデジタル環境への移行が最も激しく表れている大学図書館の状況を説明し、次世代型図書館システムなど今後のあり方についてぃて紹介しています。7章では公共図書館に大きな影響を与えている電子書籍貸出しサービスと情報機器を取上げ、日本と米国の図書館での特徴を記述します。8章では国立国会図書館や図書館に関連する機関のデジタル環境への取組みについて紹介しています。9章では情報技術の利用者サービスへの影響を、図書館の側面から記述します。10章では、種々の外部情報機関の活動やサービスが図書館にどのような影響を及ぼしているのかを、明らかにします。11章では、情報技術との関連で図書館が今後取組むべき課題の一端を提示します。

最後になりましたが、日外アソシエーツのシリーズの一つとして企画されました本書の執筆にあたりまして、編集担当の我妻滋夫氏からいろいろご意見をいただくなど多大なご支援を受けました。ここに深甚なる謝意を表する次第です。

二〇一六年一月

細野　公男
長塚　隆

CONTENTS

3章　学術情報の流通体制の変化　52

1章　図書館の変容

1　はじめに

図書館は社会の縮図であるといわれてきました。これは社会で生じるさまざまな変化が、直接的・間接的に図書館の組織、業務、活動に大きな影響を及ぼすためです。実際それぞれの時代、地域における変化が図書館の役割や意義、存在理由を規定してきたのは、歴史的に明らかです。図書館は時代を映す鏡として考えられてきたのです。

図書館は、社会での役割、利用者サービス、組織構造、管理形態、教育機関や他の社会教育機関との関係、情報技術など種々の側面からとらえることができます。そして社会構造の複雑化が進行する現代社会においては、こうした側面相互の関連を適切にとらえて図書館の役割・あり方を明確にすることが、難しくなってきました。つまり図書館を社会の中で正しく位置付けることは、これまで以上に困難になったのです。この難しさは、情報技術を中心に考えるとさらに強まります。何をもって図書館とするのかといった図書館の定義およびその機能さえも共通理解が得られなくなっているといっても過言ではないのです。少なくとも情報技術の観点からは、図書館の再定義が避けられないように思われます。

情報技術の進歩・普及によって図書館を取巻く環境は、以下に示すような要因で大きく変容しています。

- デジタル形態をとる資料の増大
- 携帯用を含む情報機器の種類・量の増大
- 各種の情報サービスを展開する外部情報機関の増大
- 外部情報機関との間の力関係の弱体化
- 研究者、学生、一般人における情報入手・利用行動やコミュニケーション行動の変化
- 研究活動、教育方法、学習行動でのデジタル化の浸透
- デジタル人文学のような新たな研究分野の出現

2　情報技術とかかわる概念と用語

データと情報

情報技術と図書館とのかかわりを論じる場合には、データと情報との違いを踏まえることが必要です。日常生活の中だけでなく図書館等の現場でも、データと情報の差異を意識することはほとんどありません。たとえば書誌データと書誌情報を同義とみなし、区別することなく使用することが非常に多いといえます。しかし両者は本質的に異なる概念なのです。

データは特定の事象や現象、実験・調査の結果などを、文字、数字、画像などで記述した客観的なテキストレコードあるいはメッセージということができます[1]。一方情報は人々が何らかの意図した知的活動を行なおうとする際のニーズに応じて、提供されたあるいは入手できた有用なデータなのです。つまり本来情報は客観的な存在ではなく、受け手（利用者）にとって役に立つデータと考えるべきなのです[1]。利用者が何らかの意思決定をする時の拠り所なるデータともいえます。たとえば国勢調査の結果は、誰が見てもデータです。しかし、そのデータを必要とする人には情報ですが、そうでないひとにとっては情報ではないのです。

図書館サービス・活動の原点が利用者への奉仕にあることは確かですので、図書館サービスは画一的に行なうのではなく、個々の利用者のニーズに合わせて行なうべきことは明らかです。これは常に利用および利用者の観点を重視することの重要さを示しています。図書館を取巻く世界では、情報サービス、情報提供、情報機関、情報利用者、情報システムのように情報という用語がごく普通に使われています。しかし図書館の使命を考えれば、このような用語での情報は、情報となり得る可能性の高いデータと解釈することが大切です。図書館界ではデータと情報の違いを強く意識することが必要なのです。情報の概念には本来利用者志向の側面があることを理解することが大切なのです。

したがって、本書では情報という用語を使用する場合には、情報となり得る可能性の高いデータを意味します。そして用語として定着している情報提供、情報機関のような用語はそのまま使用しますが、目録情報と目録データ、書誌情報と書誌データなどのように区別可能な用語を一般的に使用する場合は、目録データと書誌データを採用することにします。

情報技術

情報技術という用語はあまりにも多くの分野、文脈で使用されているため、この用語で意味する対象も多種多様です。そこで本書では、情報技術を情報の収集、検索、蓄積、整理、分析、提供・配布、使用、利活用等にかかわる技術と定義することにします。この技術において、中心となるのは、コンピュータとネットワークです。とくに近年では、インターネットで代表されるように、ネットワークの重要度が著しく高まっていますので、こうした概念を表す際に情報技術（Information Technology、ＩＴ）ではなく情報通信技術（Information and Communication Technology、ＩＣＴ）という用語を使用する場合が多くなっています。しかし、本書では情報技術と情報通信技術を同義とみなして、前者に統一して使用することにします。

情報技術あるいは情報通信技術の処理対象となるのは、文字、音声、画像です。これまで図書館はこれらの表現メディアで構成される各種の資料を対象に、種々の活動、サービスを展開してきました。その一例が印刷形態の図書の収集・配架・提供と、それを容易にするための書誌データや目録データ、すなわちメタデータの作成・管理・提供です。

機械化とデジタル化

図書館と情報技術とのかかわりを歴史的に展望する際に忘れてはならないのが、機械化とデジタル化の違いです。図書館と情報技術とのかかわりは、図書館業務へのコンピュータの導入に始まったということができます。そして時代の経過と共に、既存の技術が定着しただけでなく、種々の新たな技術も開発されました。こうした発展・変化を反映して、機械化やデジタル化ということばが使用されるようになったのです。この二つのことばはコンピュータ技術を図書館に導入したという点では同じですが、そのことばの意味するものは、大きく異なります。

通常機械化は自動化ともよばれます。その一例として、自動書架や目録データのコンピュータ処理があげられます。図書などの資料の効率的な管理・利用を促進する点に、主たる特徴があります。

一方、デジタル化は電子化ともよばれ、資料の中身つまりコンテンツそのものの処理にコンピュータ技術が使用されることを意味します。両者はカテゴリーが全く異なるデータ処理といえるのです。

図書館利用者が最終的に必要とするのは、多くの場合目録データや書誌データではなく、コンテンツそのものです。したがって、図書館活動・サービスの面からみると、デジタル化は機械化よりもはるかに大きな影響を及ぼすことがわかります。そしてデジタル化が進行する現在では、書誌データ・目録データを対象とした機械化は、デジタル化の中でとらえられると考えられます。両者をデジタル化の概念のもとで統一的にとらえることが多いといえます。

3　機械化からデジタル化へ

機械化の動向

図書館の機械化（自動化）が意図することは、作業の効率化を図ることでした。対象分野は次のように大きく二つに分けることができます。

①資料の書架からの取り出しや配架などの作業を効率化するための、コンピュータやその他の情報技術の導入

②貸出し、目録作成、受入れ、雑誌管理などの業務で使用される各種データを処理するためのコンピュータの導入

①の典型例としてあげられるのが自動（化）書庫です。自動（化）書庫は専用の閉架書庫から

図書館資料を自動で出納するシステムです。

自動書庫の利点としては、書庫スペースの節約、資料を出納・返却に要する労力の削減、温度・湿度の管理の容易さがあげられます。一方欠点としては、機器・システムの導入コストだけでなく運用にかかわる管理コストも事前に考慮しておかねばならないことと、利用者が書庫内で書籍を手に取って中味をチェックすることができないことがあげられます。

機械化の影響を最も強く受けたのは、前述した②のなかの目録業務といえるでしょう。一九六〇年代頃までは、目録データ作成に多大な時間を要したので、図書がすでに購入されていてもその目録データがまだ作成されていないことが、しばしばありました。その結果、納入済みの図書の利用ができないといった、現代においては、考えられないような事態が、頻繁に生じていました。転機が訪れたのは米国議会図書館が機械可読目録作業（MAchine Readable Cataloging、ＭＡＲＣ）の開発に乗り出した一九六五年です。その後各国の国立図書館等のような国の中心的な目録作成機関が目録データの作成・処理をコンピュータで行ない、その成果を複数の図書館が共有することによって、高品質で標準的な目録データの迅速・的確な提供・利用が可能になったのです。その成果は目録データベース（目録データから構成されるデータベース）の構築をもたらしました。

図書館へのコンピュータ導入の揺籃期では、目録データの作成は機械化されていても、多量の目録データの組織的な蓄積に要する技術的・経費的制約から、蔵書目録自体は冊子体目録やＣＯ

M（Computer Output on Microform）目録の形態をとっていました。ＣＯＭ目録は、マイクロフィッシュを蓄積媒体とする目録ですので、目録を多量に複製できることや、場所をとらないなどの利点がありましたが、目録を使うにあたっては読取り装置が必要なことと、目録の維持・管理が大変などの欠点がありました。その結果ＣＯＭ目録は次第に廃れ、ＯＰＡＣ（Online Public Access Catalog）とよばれるコンピュータ目録の時代を迎えました。そして現在のＯＰＡＣは、所蔵資料を探す機能だけでなく、外部の電子リソースへのリンクも提供するようになりました。また貸出業務、受入れ、雑誌管理等でのデータ処理にもコンピュータが使用され、それぞれの作業のためのコンピュータシステムが構築されました。

これらのシステムの開発は、初期のころは各図書館が個別に行なうことがほとんどでしたが、後には、複数の企業が図書館システム開発に乗り出すようになり、種々のシステムが出回るようになりました。そしてコンピュータ関連技術の急速な進歩・普及とともに、フリーソフトのシステムも出現するなど、図書館システムの形態は大きく様変わりしました。

書誌ユーティリティの出現

多くの図書館ではほぼ同じ書誌データが図書館目録用に使用されています。したがって、個々の図書館がそれぞれ独自に書誌データを作成するのではなく、代表的な書誌作成機関が提供する書誌データを使用し、そこからは入手できないものは各図書館が分担して作成しそれを共有すること（分担目録作業）ができれば、目録作業の効率化が図られます。書誌ユーティリティ(Bibliographic Utility)は、こうした試みを実現するための組織です。書誌ユーティリティの発展により、総合目録の作成や相互貸借活動が以前よりも遥かに容易になり、図書館サービスの高度化をもたらしました。書誌ユーティリティの構築を可能としたのは、オンライン処理技術とネットワーク技術の進歩であるといえるでしょう。そして現在ではインターネット環境で、上述の活動やそれに付随する活動が展開されています。

書誌ユーティリティは多くの国で構築されており、日本では学術情報センター現在は国立情報学研究所がその機能を果たしていますが、世界的に最も影響力が強いのは、一九七一年にオンライン分担目録システムを稼動させて書誌ユーティリティの礎を築いたＯＣＬＣです。ＯＣＬＣのサービスを利用する図書館は非常に多く、その利用館は全世界に及んでいるといえます。

図書館員の反応

機械化に対する図書館員の反応は、初期のころは肯定的なものよりも否定的なものの方が多かったように思われます。通常どのような職種の業務でも、かつてはコンピュータの導入によって自分の職が奪われるのではとの危惧からの反対がよくなされましたが、図書館界においても国を問わず同様の傾向がありました。また、利用者の個人情報保護の見地から、貸出業務へのコンピュータの導入にあたって慎重な配慮を求める働きかけも各国でなされました。わが国では日本図書館協会から出された「貸出業務へのコンピュータ導入に伴う個人情報の保護に関する基準」がその例です(2)。

デジタル化の動向

コンピュータ関連技術の著しい進歩・普及は我々の知的生活を根本から変えました。図書館界に及ぼす影響も計り知れないといえます。データの収集・蓄積・表現・提供技術の進歩とそれを行なうために要するコストの低減は、それまで機械化に限定されていた図書館業務の作業に新たな側面をもたらしました。それがデジタル化です。こうした移行を加速させたのが、インターネットです。インターネットの普及は、図書館活動・サービスのあり方を大きく変えただけでなく、図書館の存在基盤をも揺るがしています。

デジタル化の端緒は、各種の電子辞典・事典のコンテンツそのものをコンピュータで作成・処理する試みでした。初期の頃のコンテンツはCD－ROM形態をとっていましたが、その後オンラインの形態で利用に供するようになりました。そして電子ジャーナルの発生・普及によって、デジタル化の動きは定着したといえます。

電子ジャーナルは、簡単にいえば従来の紙媒体をとる雑誌がデジタル化されたものです。さらに近年では、電子書籍（e-books）がデジタルメディアとして大きな地位を占めるようになりました。この傾向は欧米諸国において顕著といえましょう。一方日本では電子書籍の普及度は低いようですが、二〇一六年中には日本国内で発行される電子書籍点数が一〇〇万点を突破するという推測を発表する企業もあります。

デジタル化は、図書や雑誌論文等のコンテンツそのものを機械可読化することおよび機械可読化されたコンテンツ（デジタルテキスト）の種々の処理・利用を目指します。デジタル化の特徴・利点は、コンテンツの検索を容易にするだけでなく、時間・距離の制約に煩わされることなくその利用が容易になることがあげられます。さらに現時点では利用が制限される貴重書もデジタル化することによって、多くの人たちが容易に利用できるようになります。また将来の利用者の利用を踏まえて、デジタルアーカイブを作ることもできます。

デジタル化は図書館サービスや活動のあり方に大きな影響を及ぼしました。その一例が図書館での電子ジャーナルや電子書籍の利用体制です。印刷物の形態をとる雑誌や図書に関しては、図書館がそれを購入することによって図書館の所有物となり、それらの利用者への提供は、出版社の意向にとらわれることなく、図書館の裁量にすべてまかされます。一方、電子ジャーナルや電子書籍に関しては、ほとんどの場合図書館は出版社と利用契約を結んだにすぎず、デジタル資料そのものを所有するわけではありません。そのため図書館が行なう利用者サービスはさまざまの制約を受けることになり、図書館経営に多くの新たな問題をもたらしました。

4　種々のデータベースの普及

目録データベースの普及と前後して雑誌論文の書誌データや抄録を収録するデータベースも構築されるようになりました。さらには論文などの全文（図や写真は含まない）を収録するデータベースも出現しました。なお、電子ジャーナルは全文データベースの発展形態の一つともいうことができます。そしてこうしたデータベースから利用者にとって役立つ情報を検索するためのシステムの開発が行なわれ、ＤＩＡＬＯＧなど各種の検索サービスが生まれました。しかし、この時代ではデータベースの作成・処理およびデータベースに基づく検索サービスには、オンライン処理技術やネットワーク技術のレベルの低さやその利用コストの高さから生じる問題があり、その効果は限定的なものであったといえます。

検索サービスに革命を起こしたのはインターネットです。一九九五年はインターネット元年とよばれますが、インターネットの普及とオンライン処理技術の向上および利用コストの低下は、それまでは限られた機関のみで行なわれていた検索サービスの形態に、著しい変化をもたらしました。その結果インターネットに基づくサービスが主流となり、種々の機関がこのサービスに参入するようになりました。グーグルはこうした動向の象徴的な存在といえます。

多くの分野で種々のデジタルテキストやデジタルデータが生産されるようになると、これらを収録するデータベースは、電子リソースとよばれることが多くなりました。電子ジャーナルや電子書籍は電子リソースの典型例といえます。

電子リソースが増加するにつれ、特定の文献がデジタル形態で得られるかどうかを迅速に知ることが難しくなってきました。この問題を解決する手段として開発されたデータベースがナレッジベースです。ナレッジベースの例として、大学図書館と国立情報学研究所との連携・協力の下で構築されて二〇一五年四月に公開された、「国内の電子リソースに関する情報を集約・管理するデータベースＥＲＤＢ－ＪＰ（Electronic Resources Database-JAPAN）」があげられます(3)。

こうした変容は、検索作業自体にも大きな影響を及ぼしました。インターネットによって種々のデータベースの検索が極めて容易になり、誰でも簡単に検索結果が得られるようになりました。その結果、かつては情報ニーズを満たすための専門的な行動やサービスとしてとらえられていた情報検索（Information Retrieval、ＩＲ）が、現在では単なるデータ処理の一つとして見なされるようになりました。この点にもインターネットの革命的な力が見られるのです。

5　情報機器

非携帯情報機器

情報機器が図書館に取入れられるようになった揺籃期では、大型計算機、データ入出力装置、磁気テープ・磁気ディスク・フロッピーディスクなどのデータ蓄積装置がその主たるものでした。また、データ通信を行なうためのネットワークのレベルは低く、通信機能をもたせた電動タイプライターがデータの送受に主として使用されていました。音響カプラー（電話機の送受話器とスピーカーやマイクロフォンを音響的に結合させてデータの送受を行なう通信機器）の出現は、公衆交換電話網を介したデータ通信を可能にしたことで、ネットワークのレベルを向上することになりました。しかしこの時代のデータ処理の対象は、白黒の世界での文字・数字のみであり、カラーの静止画・動画の処理が当然である現代の情報機器とは程遠いものでした。こうした状況に革命をもたらしたのが、カラーディスプレイ装置およびパソコンの登場であり、図書館におけるデータ処理に大きな影響を及ぼしました。

情報機器の発達史の観点からみて忘れてはならないのが、コンテンツの蓄積媒体として使用されたＣＤ－ＲＯＭです。ＣＤ－ＲＯＭにはカラーの静止画や動画も収録できるため、デジタル時代の先駆けとして一時代を画したということができます。現在は死語になったともいえるマルチメディアという語が一時期もてはやされましたが、それは電子辞書・事典などの蓄積媒体としてのＣＤ－ＲＯＭの流行と関連があるように思われます。しかしＣＤ－ＲＯＭの図書館活動に及ぼす影響は限定的であり、蓄積メディアとしての役割はすでに終了したといえましょう。その大きな理由は、蓄積されたコンテンツの更新が実質的にできないことにありました。

図書館界とかかわる情報機器の種類・量の増加は顕著です。それをもたらした大きな要因は、資料デジタル化の急激な進行です。電子ジャーナルや電子書籍の隆盛は、情報入手における情報機器の重要性を著しく高めました。

携帯通信機器・端末

最近ではスマートフォンやタブレット端末が、図書館を含む種々の情報機関にアクセスする手段として広く使用されるようになりました。これらの装置の機能は多様であり、電子書籍端末としても使用することができます。これは利用者各自が自分のやり方で随時蓄積された情報にアクセスできることを示し、図書館での情報提供サービスの環境整備のあり方に転機をもたらしました。従来よりも一層利用者のニーズを把握して、利用者志向のアプローチをとることが求められるようになるからです。

デジタルカメラ

デジタルカメラ（携帯情報機器の一例）は、カメラとしての性能が高く使い勝手も良いだけではなく、撮り込んだテキストデータのコンピュータ処理が容易ですので、研究者にとって貴重書などの印刷形態の資料を撮影する手段として最適であるといえます。そのため研究者からはデジタルカメラを使用したいとする要望はいろいろ出てきているようです。

使用を許可する場合には、資料保存や著作権など管理の側面も考えねばなりません。保存の側面では、従来の複写機による複製作成とは異なり、機器を直接資料に接触させる必要がないため、資料を痛める危険性が大幅に低下しますので、問題はないと思われます。わが国では著作権には抵触しないといえそうですが、運営・管理規則の面から疑義を呈する図書館はありそうです(4)。

現在デジタルカメラの使用を正式に認めている図書館は、大英図書館を始めいくつかの諸外国の国立図書館だけのようです(5)。しかし今後デジタルカメラの使用を求める声が強まることは確実と思われますので、図書館は利用者の利便性、資料管理や利用方法などを十分検討して、そうした動きに備える必要があります。

メーカースペース

近年3Dプリンター、3Dスキャナー、レーザーカッターなどのような、一見図書館サービスとは関係がないように思われる先進的な情報技術や道具・器具を設置して、利用者がそれらを使用する場所を用意する図書館が出てきています。こうした場所は、メーカースペース(Makerspace)、あるいはファブラボ(fabrication laboratory)とよばれます。

メーカースペースに関する明確な定義はまだ存在していないようですが、3D環境でものづくりを体験・学習する機会を提供するための場所ということができそうです。メーカースペースに設置される機器の代表例が、図1-1で示した3Dプリンターです。3Dプリンターは、工業製品のような立体物の特徴を表現したデータを処理して、その立体物の複製物を作成する機器です。したがって、図書や雑誌論文の頁などを紙の上に印刷する通常のプリンターとは全く異なります。

メーカースペースを活用することによって、さまざまな物を作ることができます。そしてこうした環境の整備は、利用者の技術的な創造性の向上や知識獲得を目的とした新たな図書館サービスと考えられます。米国では公共図書館を中心に導入館が増加しているようですが、日本の図書館では慶應義塾大学[6]や塩尻市立図書館[7]を除けばほとんどないと思われます。しかし、メーカースペースを図書館サービスとしてどうとらえるかを、導入の是非を含めて検討する必要はあるでしょう。

活字文書読上げ装置

視覚障害者等図書館サービスの恩恵を十分に得られない人たちを支援する情報機器の開発も行なわれてきました。その例が活字文書読上げ装置です。この装置は、印刷された活字データをデジタル化した音声コードを処理

図1-1　3Dプリンターの例

して音声で出力する装置で、二〇〇〇年頃から具体的な製品開発が始まりました。現在、わが国では宝塚市立図書館（8）など複数の図書館に導入されています。

1 細野公男『情報社会を理解するためのキーワード2』「5・1 情報」培風館、二〇〇三

2 日本図書館協会「貸出業務へのコンピュータ導入に伴う個人情報の保護に関する基準」（一九八四年五月二五日、社団法人日本図書館協会総会議決） https://www.jla.or.jp/portals/0/html/privacy/kasidasi.html

3 「ＥＲＤＢ（電子リソース管理データベース）」http://www.nii.ac.jp/content/erdb/

4 鑓水三千男「動向レビュー：図書館はデジタルカメラによる複写希望にどう対応すべきか」『カレントアウェアネス』二〇一二、三一二号 http://current.ndl.go.jp/ca1770

5 奥村牧人「諸外国の国立図書館におけるセルフ撮影サービスの導入動向」『カレントアウェアネス-Ｅ』二〇一五、二七八号 http://current.ndl.go.jp/e1661

6 「大学図書館に「誰でも使える」３Ｄプリンターを導入したＳＦＣ その狙いは」『ITmedia ニュース』http://www.itmedia.co.jp/news/articles/1306/14/news059.html

7 伊東直登「塩尻市立図書館で３Ｄプリンター利用をスタート」『カレントアウェアネス-Ｅ』二〇一五、二九二号 http://current.ndl.go.jp/e1730

8 宝塚市立図書館「図書館の利用に障害のある方へ」http://www.library.takarazuka.hyogo.jp/handicap/

2章　情報技術の現況と図書館

ここでは、最近の情報技術の発展について概観したうえで、図書館で利用されている、あるいはこれから利用の可能性がある情報技術について紹介してゆきます。一方で、情報技術の急速な発展により、急激な変化について行けない人々が生み出されています。このような情報弱者の存在が、社会的な問題となっています。図書館は、その歴史的な使命から言っても、多くの人々が新しい情報技術を活用してより豊かな生活が実現できるよう、さまざまな支援をしてゆくことが求められています。

1　現代の社会と情報技術

近年、情報を入手し、コミュニケーションをとるための手段が大きく変化してきました。携帯電話は先進国のみでなく多くの国々でその利用が急速に拡大し、この一〇年間で、世界全体でみると二〇〇〇年には一二%であったのですが、二〇一二年には九〇%と世界各国で急速に普及したことがわかります。また、情報の伝達のためのネットワーク基盤であるインターネットも、この一〇年あまりで、二〇〇〇年には七％であったのが、二〇一二年には三五％と世界のさまざまな地域で広く利用されるようになりました(1)。

二〇〇七年に、アップルが米国でiPhoneを発売して以降、モバイルでの情報利用は携帯電話からスマートフォンに急速に移行しています。スマートフォンは電話付きの超小型ＰＣともいえ、音楽、ゲーム、学習ソフトなどさまざまなプログラムをインストールして、多様な目的で利用されています。二〇一四年の世界におけるスマートフォン利用者数は一六・四億人で、世界の人口七二億人の二三％が利用するまでになったとのことです。これは、世界で約四人に一人が使用していることになります(2)。

このように、スマートフォンなどの携帯型の利用端末が普及することで、コンピュータの利用のあり方が大きく変化し、何時でも、どこでもインターネットを通じて、さまざまな情報にアクセスできるようになっています。また、情報にアクセスするだけでなく、さまざまなデジタル商品が生まれており、楽曲、ビデオ、映画などもダウンロードしてモバイルフォンなどの携帯端末で楽しんだり、3Dプリンターでさまざまなものを作成したり、介護や自動車の運転などにロボット技術を活用したり、日常生活のさまざまな面で情報技術の利用範囲はますます拡大しています。

一方では、インターネットとスマートフォンの普及を背景に、ツイッター、フェイスブックやＬＩＮＥなどのソーシャルネットワーキングサービス（ＳＮＳ）の利用が広がっています。世界のSNS利用者数は、二〇一三年には一七・三億人に達しています。スマートフォンの利用者数とほぼ同数で、世界で四人に一人が使用していることになります(3)。従来のラジオやテレビなどの放送型のサービスからSNSのようなそれぞれの個人が自由に情報の発信者になる時代が到来しつつあるとも言えます。

インターネットを利用したオンライン教育が、学校教育の場だけでなく企業や社会教育の場面などさまざまな場で利用されるようになっています。これらの中のひとつとして、大学内だけでなく高等教育をより広い範囲に提供できる可能性を期待できるMOOC（Massive Open Online Course）のような、学習者が事前に登録し、課題に取り組むオンライン講座などの各種教育講座が広まっています。MOOCの場合には、受講生は講座の修了要件を満たすと、修了証が交付されます。日本でも、二〇一三年に日本オープンオンライン教育推進協議会が設立されました。

情報技術の発展は他方で、ビッグデータと呼ばれる従来のデータベース管理システムなどでは記録・保管・解析が難しい大量のデータ群を生み出しています。例えば、オンラインショッピングサイトで蓄積される購入やエントリー履歴、ウェブの配信サイトから提供される音楽や動画等のマルチメディアデータ、SNSで参加者が書き込むプロフィールやコメント等のソーシャルメディアデータ、地理情報データやスイカなどRFIDタグ（ICカード）で検知される位置・乗車履歴・温度等のセンサーデータ、ダイレクトメールのデータや会員カードデータなど利用者のデータ、気象衛星データ、複雑な物理シミュレーション、生物調査および環境調査、ホームページなどのウェブ検索結果のデータなどがあります。

これらの多種多様で膨大なデジタルデータを、どのように活用していくのかが今後の大きな課題になっています。さまざまな領域で有効に活用することで、新たな価値の創造や社会的課題の解決につながることが期待されています。

さまざまな場面で生み出される多様なデータも、公開されて利用が可能とならなければ社会で広く活用できません。行政データや研究データを公開する「オープンデータ」の取り組みの進展が期待されています。

また、さまざまなデータの中でも注目度が高い個人情報データについて、その利用・流通のあり方が検討されています。個人情報の利用にあたっては、個人のプライバシーの保護が十分になされることを前提として技術開発や技術の普及にあたる必要があります。

近年、注目されている技術のひとつに、ＩｏＴ(Internet of Things)があります。モノのインターネットとも呼ばれ、パソコンやスマートフォンなど、もともと、インターネットに接続するための機器だけでなく、冷蔵庫やテレビなどの家電や車がインターネットに接続され、遠隔地からデータ交換や操作をできるようになることを指します。家電や車などさまざまな機器がインターネットに接続されることで、遠隔地からも操作ができるようになるなど、便利になる一方で、個人情報などの機密の保持の点で、十分な対策が必要になります。

また、知的なコンピュータプログラムを作る科学と技術であるとされる「人工知能」の社会での利用範囲が拡大しています。コンピュータは判断の元となるデータがなければ何もできませんが、現在はインターネットの普及により多種多様なビッグデータと呼ばれる多量のデータが生成・蓄積されるようになり、そのデータを高いレベルで解析できる知的なコンピュータプログラムとしての人工知能を、福祉や工事などで使用される自立型ロボット、無人航空機（ドローン）を使用した観測・配送システム、専門的な分析を補助するエキスパートシステムなどさまざまな領域で利用する試みが開始されており、今後への期待が高まっています。

スマートフォンをさらに小型にして、メガネ型や時計型、指輪型など、体の一部に装着して日常的に使用できる情報機器「ウェアラブルデバイス」が使用され始めました。これらの情報機器が今後どのように利用されてゆくかはまだ良く分かりませんが、今後の人々の生活のあり方に大きな影響を与えると考えられています。これまで見てきたように、情報技術の発展により、現代社会のあり方は大きく変化しています。スマートフォンなどの携帯型の情報機器が急速に普及し、私たちの日常の生活に欠かせないものになってきていますが、その利用にあたっては、その利便性ばかりでなく、利用の在り方を巡って中高生など若い人に与える負の面にも注意が必要になっています。

情報技術の範囲は広くどのようにとらえるかについては、難しい面もありますが、情報サービス産業白書では、図2-1のように、情報技術のディレクトリの構造ということで技術の基礎部分としてのハードウェアからデータベース、ネットワーク、コンテンツ、セキュリティ、システ

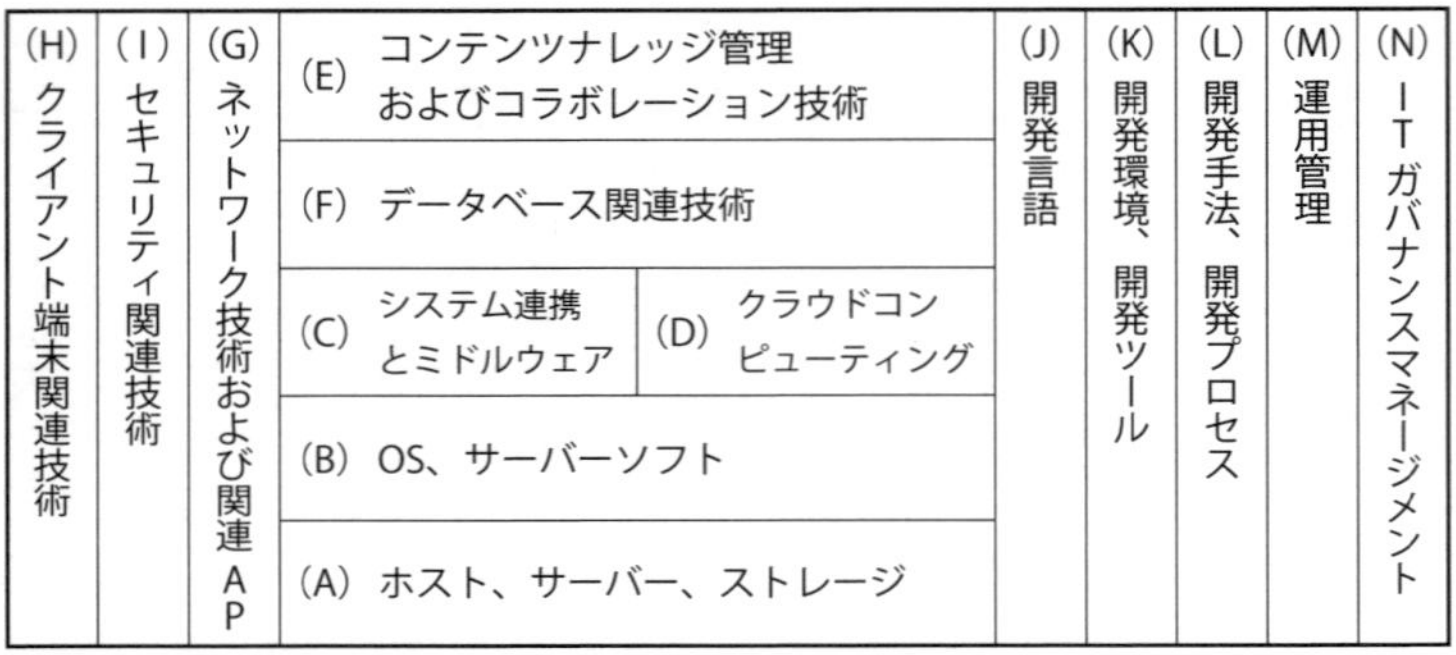

図 2-1　情報技術のディレクトリの構造
（情報サービス産業白書 2014 を基に作成）

表 2-1　着手意向の技術ランキング

2014年	着手意向順位	2009年の順位	2009年	着手意向順位
1	(G) ネットワーク仮想化技術		1	(D) グリッド・ユーティリティコンピューティング
2	(G) 次世代 Web プロトコル		2	(D) SaaS
3	(D) クラウドデータ連携技術		3	(D) PaaS
4	(G) TCP/IP 高速化技術		4	(D) IPv6
5	(F) データマイニング		5	(D) HaaS・IaaS
6	(D) 大規模分散フレームワーク		6	(F) オンメモリ DB/インメモリ DB
7	(G) IPv6	4	7	(G) HGN
8	(F) クラウド型データウウェアハウス		8	(P) グリーン IT
9	(E) テクストマイニング技術		9	(H) モバイルインターネット端末向けアプリ開発技術
10	(D) PaaS	3	10	(G) WinMax

（JISA「平成 26 年度および 21 年度　情報サービス産業における情報技術マップに関する調査報告書」概要をもとに作成）

ム運用などに大きく区分しています。最近の技術として、(D)のクラウドコンピューティング、(E)のコンテンツナレッジ管理およびコラボレーション技術、(F)のデータベース関連技術、などが注目されています。

この区分との関連で今後の情報技術をどのような方向で発展させようとしているのかをまとめたのが、表2-1になります。表2-1の左側の部分は、二〇一四年の着手意向の技術ランキングになっています。二〇一四年の調査ではネットワーク仮想化技術(G)、次世代ウェブプロトコル(G)、クラウドデータ連携技術(D)、TCP/IP高速化技術(G)など、ネットワーク技術(G)や、クラウドコンピューティング(D)に関するものが上位に来ていることがわかります。

ただし、技術分野への関心は変化しやすいことも確かです。二〇一四年の五年前、二〇〇九年とを比較してみますと、二〇〇九年では、上位五位までがクラウドコンピューティング(D)の技術分野で占められており、この五年間に限って見ても関心の高い技術分野が変化していることがわかります。今後も、新たな技術の発展が想定されますので、常に新たな技術に関心を持ち図書館の現場での利用の可能性について考えることが大切になっています。

これらの新たな情報技術を図書館では、その運営や利用者へのサービスに、どのように取り込んでいるのかを、見て行くことにしましょう。

2　ソーシャルメディアの利用拡大と図書館

ソーシャルメディアは新聞、テレビ、映画などの産業メディア（マスメディア）と区別され、インターネットを前提とした技術を用いて発信された映像・音声・文字情報などからなるコンテンツ（情報の内容）を、当該サービスのコミュニティサービスに所属している個人や組織に伝える新たなメディアの総称として使用されています。表2-2にあるように、ソーシャルメディアには、フェイスブック、ツイッター、LINEなどインターネット上で複数の個人が情報の交換がたやすく行なえるソーシャルネットワーキングサービス（SNS）、モバゲーやグリーのようなSNS上でゲームを提供するソーシャルゲーム、ユーチューブやニコニコ動画などの動画共有サービスなどがあります。

二〇一四年におけるSNSの利用は、LINE、フェイスブック、ツイッターの順でした(4)。LINEは各年代ともSNS利用者のうちの大半が利用しており、フェイスブックは二〇代の利用率が高く、同様に、ツイッターも一〇代二〇代の利用率が高くなっています(4)。このほかに、動画共有サービスであるユーチューブは六〇％以上と非常に高い利用率に、また、ニコニコ動画は二〇％弱の利用率となっています。このように、SNSや動画共有サービスなどのソーシャルメディアは若者を中心に急速に広まっており、情報交換のための新たな社会的なツールとしての重要性が増しています。

これらのＳＮＳを、図書館はそのサービスにどのように利用しているのでしょうか。二〇〇〇年代の後半から、ＳＮＳが普及し始めると、図書館利用者との双方向的な情報伝達の手段のひとつとして図書館サービスへの導入が試みられてきました。現在、フェイスブックやツイッターを図書館の公式サービスに取り込んでいるところが増加しています。しかし、図書館全体からみると、まだ、それほど多いわけではありません。

あるリスト(5)では、大学図書館でツイッターの公式アカウントを持っているところは、九六図書館で、高専まで含めた全大学図書館でみると全体の約６％でしかありません(6)。非公式も含めた大学図書館アカウント数でも、全体の一〇％以下とそれほど多くの図書館がツイッ

表2-2　主なソーシャルメディアの利用率（平成26年）

ソーシャルメディア	サービス名	全年代(N=1500)(%)
ソーシャルネットワーキングサービス	LINE	55.1
	Facebook	28.1
	Google+	22.5
	Twitter	21.9
	Mixi	8.1
ソーシャルゲームサービス	Mobage	8.6
	GREE	6.9
動画共有サービス	YouTube	65.1
	ニコニコ動画	19.1
	Vine	1.9

（平成26年情報通信メディアの利用時間と情報行動に関する調査報告書」をもとに作成）

ターをサービスに取り入れている状況ではありません。現在、図書館ではツイッターを使用して、イベント情報や新着図書、地域に関する新聞記事の紹介など行なっています。今後は、資料の調べ方のノウハウの公開や、レファレンスサービスなどにもツイッターを活用することが検討されています。しかし、現状では、ツイッターで提供されている内容は、従来の館報や掲示による広報の範囲内に留まっていることが多いようです。今後、ツイッターでの情報の提供内容が拡大され、利用者とのより双方性の高いサービスになって行くことが期待されています。

フェイスブックは、写真を多用して見やすい画面を作りやすいこともあり、どちらかというと公立図書館で展示や催しの紹介のお知らせなどに、使用されるケースが多いようです。図書館公式フェイスブックページ集では、一二五の図書館がリストされています(7)。最近開始した図書館も多く、今後、さらに図書館の催しや企画・展示の案内など利用が拡大してゆくことが期待できます。

このように、図書館サービスの提供ツールのひとつとして、ＳＮＳを導入する図書館が増えてきています。従来の印刷物の館報等では、難しかったタイムリーな「お知らせ」に活用するなど、それぞれの図書館でいろいろな試みが実施されています。これからさらに利用者へのリファレンスなど、より双方向的な活用への工夫が期待されます。

3　クラウドコンピューティングの広がりと図書館システム

長い間、図書館で取り扱う資料は紙媒体の印刷資料が中心でしたので、図書館システムもこのような目的に沿うように設計されてきました。しかし、近年になり、書籍や雑誌の電子化が進展し、インターネットの急速な普及もあり、ネットワークを通じて、デジタル資料の提供が増大してきました。このように、現在の図書館システムに求められる水準は多面的でますます高度なものになっているといえます。

図書館システムは、それぞれの館内でのサービスに加えて、インターネットでの図書館サービスの提供を求められるようになったと言えます。これらの要望に対応して、図書館のＯＰＡＣのウェブ公開、インターネットで図書の貸出予約、各種の総合目録のインターネット公開、インターネットでのレファレンスサービス、地域情報のインターネット公開、図書館が所蔵する貴重資料などのデジタル化とインターネットでの公開など、インターネットでの図書館サービスの提供が開始されています。

例えば、ウェブＯＰＡＣを公開している公立図書館は、二〇〇〇年には全国で八九館でしたが、二〇一二年には一一六六館と、大部分の公立図書館が公開するようになっています。さらに、ウェブＯＰＡＣで蔵書検索をして、所蔵情報を確認し、自宅から貸出予約することが可能な図書館も増加しています。このように、インターネットの普及と資料の電子化の進展が、図書館サービスの提供方法への変革を促しています(8)。

二一世紀の初頭からのインターネットの普及に伴って、このような変化に対応できる新たな図書館システム(次世代型図書館システム)が求められています。

最近(二〇一二年)実施された「図書館システムに係る現状調査」では、将来的に図書館は、図書館システムへのＩＴ統制の確立、システム調達方法の見直し、オープンソースソフトウェア利用の検討、システム共同化の検討、クラウドコンピューティング導入の検討、ＡＰＩによる外部サービスの活用などが課題であると指摘しています(9)。

図書館システムへのクラウドコンピューティング技術の導入は、二〇〇〇年代の後半にグーグルやアマゾンなどのウェブサービスが従来の検索サービ

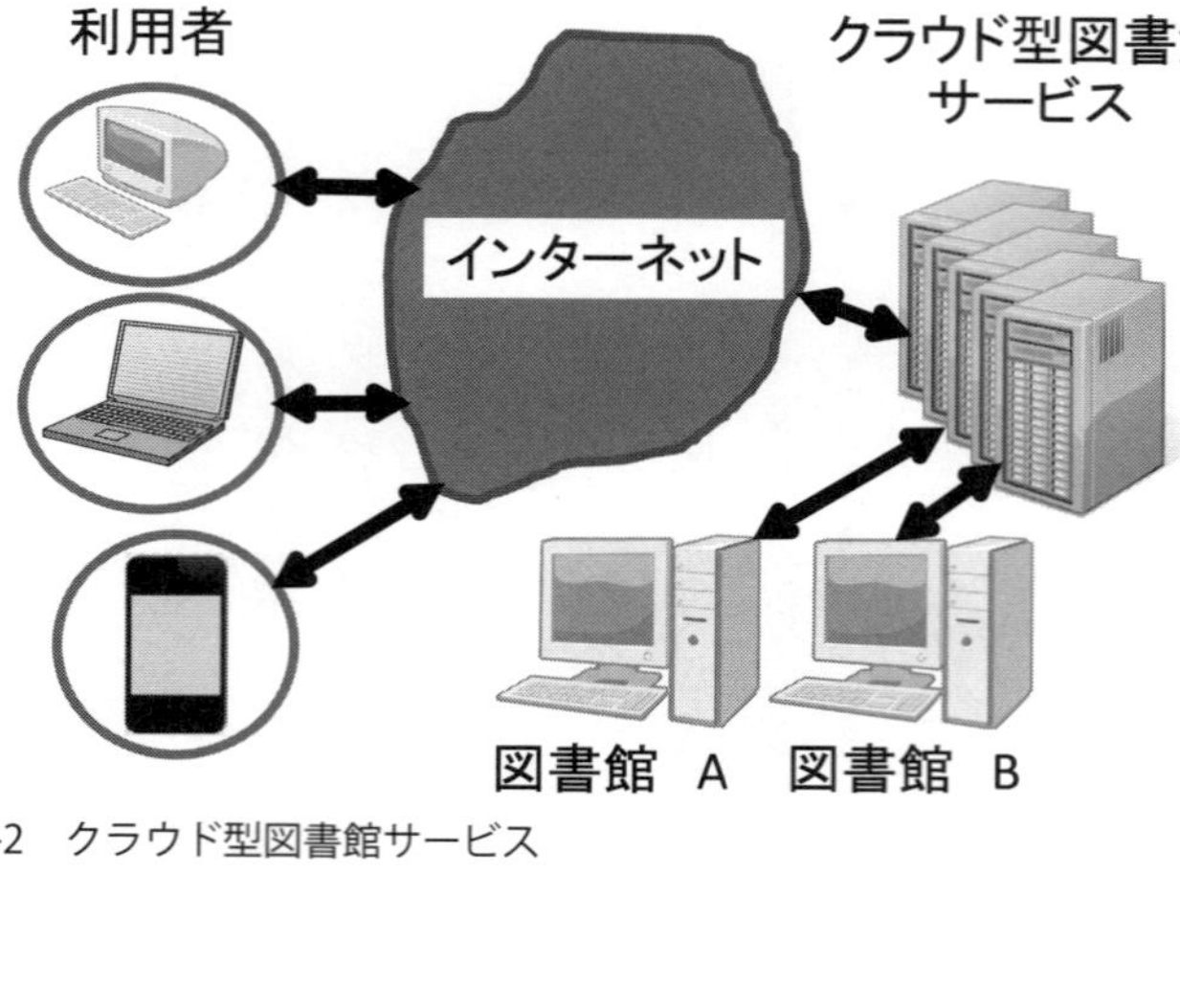

図 2-2　クラウド型図書館サービス

スや書籍などの電子商取引サービスに加えて、クラウドサービスの提供を拡大したことが図書館システムを含め多くの分野に影響を及ぼしました。クラウドコンピューティングは、図2-2のように、共用で構成可能なコンピューティング資源（ネットワーク、サーバー、ストレージ、アプリケーション、サービス）の集積に、どこからでも、簡便に、必要に応じて、ネットワーク経由でアクセスすることを可能とするモデルであると定義されています。

最近、従来のパッケージソフトタイプの図書館システムのみではなく図2-2のように、クラウドコンピューティングに対応した図書館業務システムが提供され始めています。現在、わが国で使用されている図書館業務システムは、パッケージシステムを導入し

表2-3　主な図書館システム

図書館システム名称	作成会社・機関	機能	対象図書館	特徴
GPRIME for SaaS/図書館	日本電気株式会社	図書館業務システムの他、ポータルサイト、横断検索、相互貸借支援、多目的データベース、電子書籍貸出サービス	公共図書館や組織内の図書室・資料室	業務システムを、データセンターからSaaS型で提供するクラウド型サービス
WebLis	富士通株式会社	業務システムの他、利用者がインターネットで検索・予約機能	公共図書館等	図書館業務支援ソフトウェアをインターネット経由で提供するクラウド型サービス
ネオシリウス・クラウド	日本事務機株式会社	業務システム、投書・レファレンス回答・Library News配信などの利用者サービス	大学図書館	ネオシリウスの機能を、クラウド型サービスとして提供
LIMEDIO	リコー株式会社	業務システム	大学図書館	大学向け標準図書館システム、パッケージシステム
情報館	株式会社ブレインテック	業務システム	学校図書室等	中・小規模図書館パッケージシステム、クラウド型OPACサービス

（各社の製品ホームページを参照して作成）

たものが多いのですが、今後は、表2‐3にあるように、図書館業務支援ソフトウェアをインターネット経由で提供するクラウド型図書館システムに移行していくと考えられています。

海外では、インターネット環境の広がりに対応して、従来の図書館内の業務を主に扱う図書館システムに代わる新たな図書館システムへの期待が大きくなり、クラウドサービスをベースにした次世代型図書館システムとして、ＯＣＬＣの「ワールドシェア・マネージメント・サービス」、エクスリブリス社の「アルマ」、イノベイティブ・インターフェース社の「シエラ・サービス・プラットフォーム」、プロクエスト社の「イントータ」、オープンソースの「カウリ・オーエルイー」などの提供が始まっています。

図書館業務システムは、インターネット、ＳＮＳやモバイル端末の普及などにより、図書館利用者の要望が変化しているなかで、新たな状況への対応が求められています。現在は、インターネットを通じて利用可能なクラウド型の図書館サービス提供への努力がなされ、新たな図書館サービスに適応したクラウド型図書館システムの使用が開始され始めた段階にあると言えましょう。

4　センサーの利用と図書館

最近では、センサー技術の進展により、社会のさまざまな場面で、各種センサーの利用が広がっ

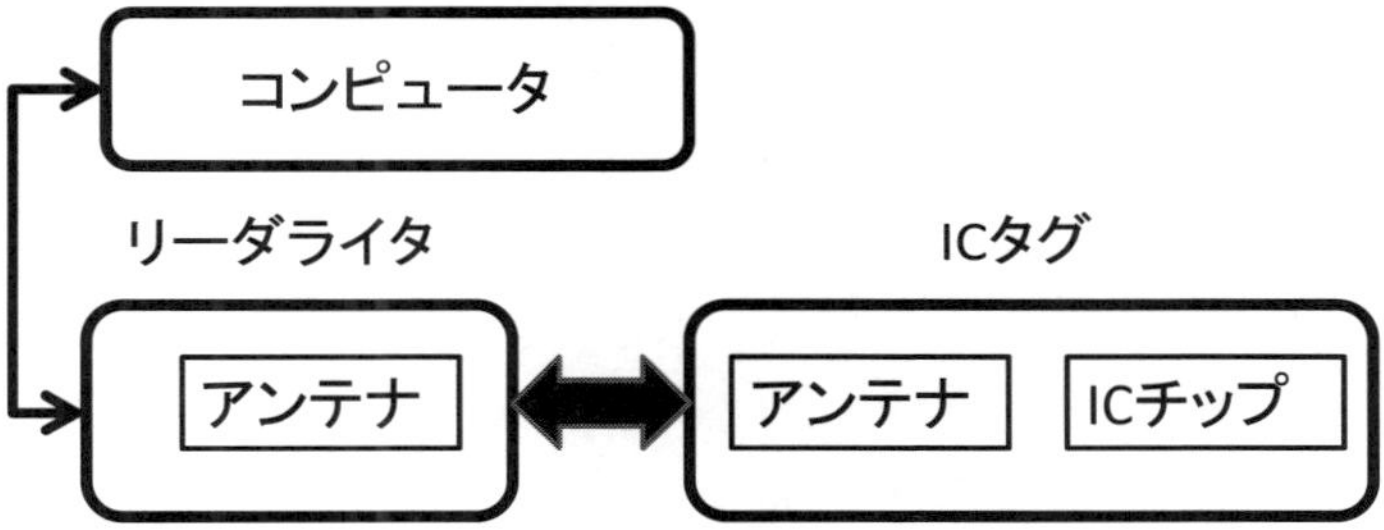

図 2-3　RFID の構成

ています。またネットワーク及びデバイスの性能向上や普及に加えて、ソーシャルメディアやクラウドサービスの普及も、大量のデジタルデータの生成・流通・蓄積を促進する要因となっています。さらに、自動車や住宅など、これまでは通信とはあまり関連していなかったところでも、「スマートカー」や「スマートハウス」などセンサー技術を導入し、自動運転や遠隔地から自宅の電気機器を操作したりできるなど、通信と密接な環境が構築されるようになり、データが大量に発生することが予想されています。また、最近ではドローンのような無人での飛行体に、ビデオカメラや各種の観測機器を搭載して、空中からの測定なども開始されています。

現在は、多くの図書館で、図書の管理にバーコードシステムが使用されています。しかし、一〇年ほど前から徐々に、無線を用いた識別システムであるＲＦＩＤを導入する図書館が増えています。スイカなどでも使用されているＲＦＩＤシステムは、図２-３のように、微小な無線チップにより人やモノを識別・管理する仕組みになっています。ＲＦＩＤシステムを導入することで、貸出・返却業務、蔵書点検業務、および不正帯出防止機能などの効率化が図れると評価されています。ただし、今後、図書館にＲＦＩＤシステムを導入するにあたって、システムに記憶可能な情報量が増大し、本人の認識なしに第三者によって読み取られる可能性もあることから、図書館団体により導入にあたってのガイドラインが制定されています(10)。ガイドラインでは、図書館資料の利用によって生じるさまざまな情報は、利用者の思想信条や病歴の推定などに結びつく可能性もある個人情報を含むものなので、利用者と資料の結びつきが第三者の知りうるものとならないように十分注意を払うこととされています。導入する図書館はタグに記録する情報、保護手段、システムの安全性などについて十分な対策を取ることを求められています。

この他に、最近では各席にセンサーを設置し、図書館の読書室の空席状況をウェブで確認できるようなサービスも試みられています。

5　ビッグデータと図書館

ビッグデータは、その時々でさまざまに定義されていますが、ここでは、従来のデータベース管理システムなどでは記録や保管、解析が難しいような大きなデータ群のこととします。多くの場合に、大規模なデータをビジネス資源として有効に活用する視点からビッグデータの語が使用されています。

現在、図書館で生まれる各種データを個人情報などに十分注意を払う必要がありますが活用して、図書館のサービスの改善に繋げて行くことが大切になっています。また、大学図書館や研究所の図書館などでは、各種のビッグデータを分析し、評価するデータアナリストあるいはデータサイエンティストなどが今後必要とされるのではないかと指摘されています。

6　オープンデータと図書館

近年、公共データや学術データを利用しやすくするために、データの公開すなわち「オープンデータ」への関心が高まっています。現在、各種データの公開に向けて、積極的な取組が進められています。オープンデータの検討では、データ情報の公開だけでなく、データの二次的な利用も重視されています。その際には、二次利用が可能な利用ルールの制定と利用に適したデータ形式での公開が必要になってきます。

公共データの公開では、①政府自ら積極的に公共データを公開すること、②機械判読可能な形式で公開すること、③営利目的、非営利目的を問わず活用を促進すること、④取組可能な公共データから速やかに公開等の具体的な取組に着手し、成果を確実に蓄積していくことなどの基本方針を決定しています。公開時に注意が必要な個人情報については、①個人情報及びプライバシーの保護との両立を可能とする、②プライバシーや情報セキュリティ等に関するルールの標準化や国際的な仕組作り、③スマートフォンの利用者情報の取扱いについては取組の普及を推進する、などとしています（11）。

この間大学図書館などでは、大学とその構成員が発表したデジタル資料の管理や発信を行なうために、大学がそのコミュニティの構成員に提供する一連のサービスである機関リポジトリを推進してきました。現在では、四〇〇以上の大学や研究機関が、それぞれ機関リポジトリを構築して、情報の蓄積や発信を行なっています（12）。

7 図書の自動貸出返却と自動化書庫

公共図書館に自動貸出機が導入され始めると、図書館員が利用者と接する機会を奪うのではないかと導入に否定的な意見や、他の業務にその時間を振り向け全体としてのサービスの充実が図れるのではないかなど、導入を巡って賛否の意見がありました。近年、公共図書館へのＩＣタグシステムの導入とともに、図2-4にあるような自動貸出機あるいは自動貸出返却装置を導入する図書館が増えています。人を介さずに、書籍の貸出しや返却ができる点で利用者に評価され、導入館が増加しています。

また、大規模な図書館では、図2-5のような書籍の保管スペースの節約や書庫からの搬出入の効率化などから自動化書庫を導入するところが増えています（13）。日本での自動化書庫の設置

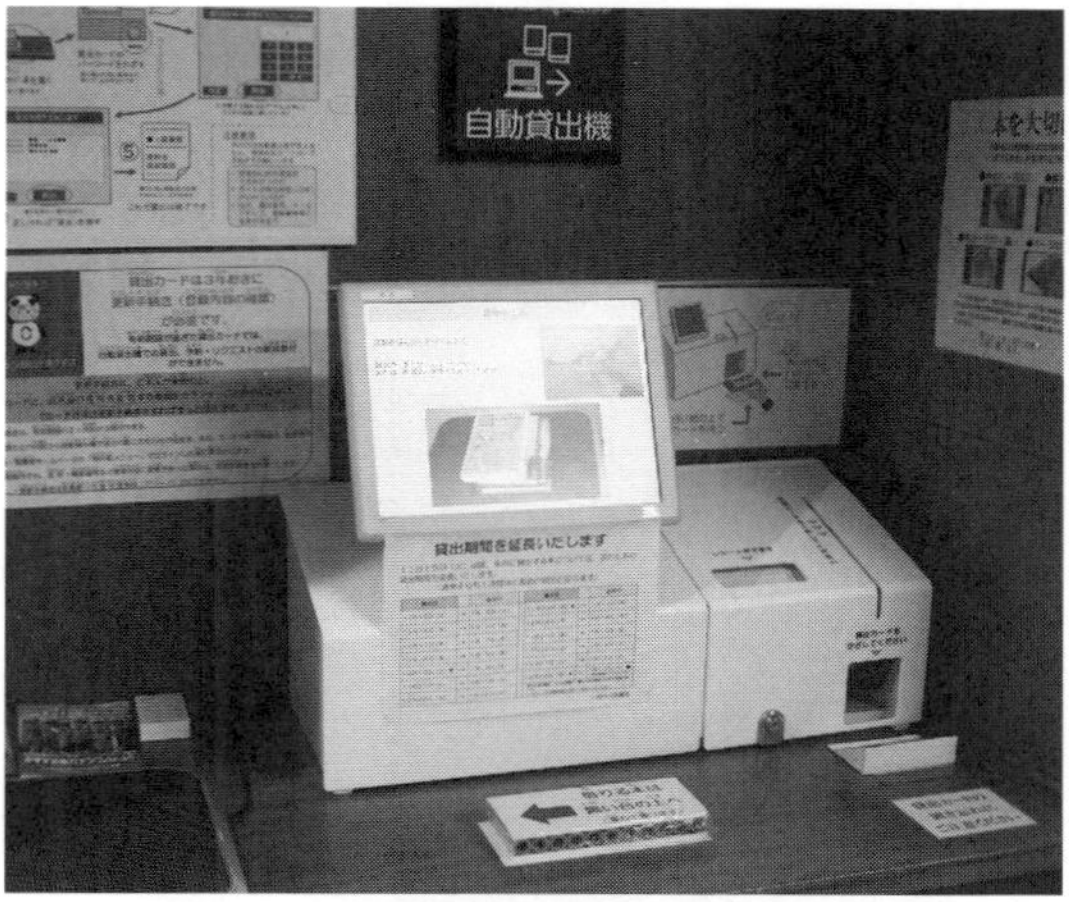

図 2-4　自動貸出機（川崎市立中原図書館で撮影）

図 2-5　自動化書庫の内部（川崎市立中原図書館で撮影）

件数は大学図書館と公共図書館でそれぞれ三〇館を超しており、合計で六〇数館になっているようです。国立国会図書館関西館や福岡大学図書館のように一〇〇万冊を超えるところもあります(14)。

今後は、図書の電子化・デジタル化との関係もあり、自動化書庫がさらに増加するのかはわかりませんが、図書館のスペースの活用や利用者の利便性を考え導入しているケースが多いようです。

1　『平成二六年版　情報通信白書』 http://www.soumu.go.jp/johotsusintokei/whitepaper/ja/h26/pdf/index.html

2　「イーマーケター（eMarketer）」 http://www.emarketer.com/Article/2-Billion-Consumers-Worldwide-Smartphones-by-2016/1011694

3　「世界のＳＮＳユーザー数」 http://www.emarketer.com/Article/Social-Networking-Reaches-Nearly-One-Four-Around-World/1009976

4　総務省情報通信政策研究所『平成二六年情報通信メディアの利用時間と情報行動に関する調査報告書』 http://www.soumu.go.jp/main_content/000357570.pdf

5　筑波大学図書館情報メディア研究科池内研究室「（ツイッターの）アカウント数」 https://twitter.com/ike_labo/lists

6　日本図書館協会「日本の図書館統計」 http://www.jla.or.jp/library/statistics/tabid/94/Default.aspx

7　「図書館公式Facebookページ集」 https://www.facebook.com/lists/3351462298792

8　日本図書館協会「公共図書館Ｗｅｂサイトのサービス」 http://www.jla.or.jp/link/link/tabid/167/Default.aspx

9　三菱総合研究所『図書館システムに係る現状調査』 http://www.mri.co.jp/NEWS/magazine/journal/55/_icsFiles/afieldfile/2012/0三/19/jm12031112.pdf

10　日本図書館協会『図書館におけるＲＦＩＤ導入のためのガイドライン　二〇一〇年』 https://www.jla.or.jp/portals/0/html/RFIDguideline.pdf

11　高度情報通信ネットワーク社会推進戦略本部「電子行政オープンデータ戦略　平成二四年七月四日決定」 http://www.kantei.go.jp/jp/singi/it2/pdf/120704_siryou2.pdf

12　国立情報学研究所「学術機関リポジトリ構築連携支援事業」 http://www.nii.ac.jp/irp/

13　黒澤公人「黒澤公人の図書館業務の機械化　自動化書庫について」 http://subsite.icu.ac.jp/people/kimito/libmh04Y.htm

14　「自動書庫を導入している図書館まとめ（2014）」『HatenaBlog』 http://shibure.hatenablog.com/entry/2014/03/24/214649

3章　学術情報の流通体制の変化

1　図書館が扱う資源の変化

図書館の重要な役割の一つとして、学術情報の円滑な流通を促進することによって社会の進歩・発展に寄与することがあげられます。新しい知識や技術の多くは、学術雑誌、学術書、報告書など種々の媒体を介して時空を超えて伝達されてきました。そして図書館は、これらの学術情報の収集・蓄積、利用者への提供に携わってきました。

学術情報の流通体制は、従来の印刷形態資料とデジタル資料での場合とでは大きく異なり、その結果図書館が果たす役割は著しく変化しました。印刷形態資料の場合は、出版社が雑誌や図書などの生産に携わり、図書館はそれらを購入して図書館独自の方針で利用者に提供するというように簡略化することができました。

しかしデジタル資料の世界では図書館は通常デジタル資料を所蔵することはできず、出版社等と契約を結んで利用することになります。したがって、図書館は大口利用者にすぎなくなったということになりますので、図書館として存在するためには、一般の小口利用者との違いを明確に示す必要があります。

デジタル環境が確立されるにつれ、図書館が扱う資源の種類・範囲は従来の図書、雑誌等から著しく拡大し、実験結果等各種の研究データ、研究の途中経過、教育用資料、プレプリント、ワーキングペーパ、ウェブアーカイブ、ブログ等も扱わなければならなくなりました。また従来図書館では、数値データの管理（すなわち収集・蓄積・提供）は、あまりなされていませんでした。しかし、科学研究の分野が拡大して、これまでとは比較できないほど多量の数値データが生産・流通するようになるにつれ、この種のデータの管理に図書館が積極的に関与あるいは協力することが、求められるようになりました。その結果、デジタル化時代では図書館が扱う資料の種類・量は、著しく増加したのです。

ブログ

適切に管理された体制の下で流通するブログは、学術雑誌と品質的に遜色ない情報を提供するとの考えがあります。さらに意見やアイディアの提示に関しては、ブログの方が雑誌よりも速報性が高いので、特定分野では重要性が非常に高いともいえるかもしれません。

二〇一四年一月に小保方晴子さんが筆頭著者としてネイチャー誌に掲載されたＳＴＡＰ細胞に

関する論文は、再現性が実現できなかったことや論文中の不正な画像の存在によって撤回を余儀なくされ、大きな物議をかもしました。ＳＴＡＰ細胞が再現できないとの指摘は、カリフォルニア大学デービス校のノフラー研究室のブログ（Knoepfler Lab Stem Cell Blog）で同年の二月からなされており、この論文の正当性を疑うきっかけとなりました。これはブログの重要性を示す一例です。フェイスブックやツイッターのようなＳＮＳで流通する情報の重要性も高まっているといえます。図書館は、専門分野のブログが研究活動等にどのような影響を及ぼすかに関しては、十分注意を払う必要があるでしょう。

アーカイブ

アーカイブは、永久保存を意図して記録物を保存する作業、もしくはこうした方針や作業によって作成された記録物を意味します。アナログ資料を対象としたアーカイブの構築は、公文書館を始め種々の機関で行なわれてきました。アーカイブの主な目的は、記録物の形態をとる人類の知的・歴史的遺産を後世に伝えることです。このことはデジタル資源でも同様ですが、簡単に消失してしまいがちなデジタル資源では、アーカイブの重要性はとくに高いといえます。

デジタル資源のアーカイブに積極的に取組んでいるのが、一九九六年に設立されサンフランシスコを本部とするインターネット・アーカイブ（Internet Archive）です（1）。この機関は、世界的規模でウェブページをアーカイブしている非営利の機関ですが、ソフトウェア、デジタル形態の動画・書籍・音楽作品などの録音データもアーカイブしています。インターネット・アーカイブには他の機関で構築されたアーカイブの寄贈を受けて種々のコレクションが形成されています。たとえばアメリカの議会図書館、大学図書館、公共図書館のアーカイブを収録したAmerican Librariesとよばれるコレクションがあります。アーカイブされているウェブページにはウェイバックマシン（Wayback Machine）とよばれる閲覧サービスを使用して無料でアクセスできますし、動画、書籍、録音データも基本的に無料でアクセスすることができます。

一方、わが国では日本国内のウェブページのアーカイブを目的とした国立国会図書館のインターネット資料収集保存事業（ＷＡＲＰ）があります(2)。この事業は二〇〇二年から開始されましたが、二〇一〇年からは国の機関、地方自治体、独立行政法人、国公立大学などの公的機関のウェブページを対象に、大規模なアーカイブを構築するようになりました。アーカイブされたデータは、全て国立国会図書館の館内でのアクセスが可能であり、発信者の許諾が得られたものは、インターネット上でも利用できます。

多くの資源がデジタル形態で生産・利用されていることを考えれば、その資源を現在および将来の人々の研究、教育、意思決定に役立てるためにアーカイブすることは非常に重要です。ウェブアーカイブに関する論議はこれまでは保存が中心でしたが、最近はこうした意識の高まりをうけて、英国のBig UK Domain Data for the Arts and Humanities（ＢＵＤＤＡＨ）プロジェクトに代表されるように、その利活用が脚光を浴びるようになってきました(3)。今後図書館サービスの向上を一層図るためには、こうしたアーカイブへの対処の仕方を考えることも必要になるでしょう。

2　オープンアクセス

デジタル化の進展によって多くの学術雑誌は、電子ジャーナルの形態をとるようになりました。図書館が電子ジャーナルを利用に供したり個々の利用者が電子ジャーナルにアクセスしたりするためには、雑誌購読料や論文使用料などいろいろの方式で多額の金額を出版社側に支払わなければなりません。その結果，論文の利用が制限される事態が生じかねません。こうした問題に対処する手段として考えられたのがオープンアクセス（ＯＡ、Open Access）です。

オープンアクセスに関しては種々の定義がなされています。たとえば、①査読のなされた学術研究の成果に無料で何らの制約なくオンラインでアクセスすること(4)、②流通環境がデジタルネットワーク、資源の利用が無料、著作権やライセンスの制約がほとんどないこと、などがあげられます。②は Peter Suber の定義(5)と本質的に同じです。つまり従来のような制約を受けることなくデジタル資源にアクセスできることを意味すると考えればよいでしょう。ＯＡはゴールドとグリーンの二つに分けることができます。

ＯＡの実現にはさまざまな人たち、組織、プロジェクトがかかわりました。ＰＬＯＳ（Public

Library of Science）は、その例です。学術雑誌のオープンアクセス化を推進するプロジェクトとして産声をあげたPLOSは、オープンアクセスの学術雑誌を発行する出版社としての役割も演じています。後述するSPARCやブダペストオープンアクセス運動も多大な貢献をしています。

ゴールドOA

ゴールドOAは出版社などの雑誌出版機関の電子ジャーナルへの無料でのアクセスを意味しますが、オープンアクセスを認める雑誌には三種類あります。

【OA雑誌】　電子ジャーナルの中には、利用者が無料で論文にアクセスできるOA雑誌とよばれるものがあります。OA雑誌は、雑誌購読料や論文使用料が徴収される従来の雑誌とは大きく異なり、雑誌刊行にかかわる費用は、著者あるいはその所属機関が負担します。この費用は論文処理費用（Article Processing Charge 、APC）とよばれます。したがって、OA雑誌は論文処理費用だけで刊行される電子ジャーナルです。

【ハイブリッド雑誌】　OA論文と非OA論文が混在する雑誌です。したがって利用者はこの雑誌に収録されているOA論文には無料でアクセスできますが、その他の非OA論文へのアクセスは有料となります。

【エンバーゴ付雑誌】　雑誌購読料や論文使用料を徴収する従来の電子ジャーナルの中には、刊行後一定期間経過した論文の無料でのアクセスを認めるものもあります。この無料アクセスを認めない期間のことをエンバーゴとよび、その期間は三か月、六か月、一二か月などいろいろです。そして、エンバーゴの終了した論文は、オープンアクセスとなるのです。

近年はOA雑誌が急速に増大しています。したがって、どのようなOA雑誌があるのかを知るための手段が必要になります。その例として *Directory of Open Access Journals*（DOAJ）があげられます。

OA雑誌およびそれが流通する環境には利点だけではなく、問題点もあります。まず論文処理費用とかかわる問題があげられます。その中でももっとも深刻と思われるのが、論文処理費用の悪用です。後述する「はげたか出版」はその例です。次にOA雑誌に収録されている論文の寿命の問題があります。OA雑誌が廃刊された場合それに収録されていた論文はどうなるのでしょうか？どこかにアーカイブされているのでしょうか？もしもアーカイブされていないのであれば、多くの論文が将来消え失せてしまう危険があります。OA雑誌が購読形態の雑誌よりも論文が消え失せる危険性が高いのであれば、今後OA雑誌がますます増大することを考えると，学術情報の流通の面で大きな問題が生じることになります。

グリーンOA

著者が自分の論文の原稿あるいは査読が終了し雑誌掲載がきまっている原稿を機関リポジトリ

に寄託し、利用者がこのリポジトリにアクセスしてその論文を無料で利用できるようにすることでＯＡを実現しようとするのが、グリーンＯＡです。この場合、非ＯＡ雑誌の収録論文のうち出版社の許可を得て著者がセルフアーカイビング注して、機関リポジトリに寄託することが、前提になります。

セルフアーカイブの対象は、非ＯＡ雑誌で掲載がきまっている論文の pre-edit 版や post-edit 版ですので、雑誌に収録された論文そのものとは通常ページ表示などの形式が異なります。さらに、グリーンＯＡの場合出版社がエンバーゴを導入するのが一般的ですので、アクセスできる論文は最新のものではありません。

注　**セルフアーカイビング（Self-archiving）**　論文の作成者自身が、自分の論文を機関リポジトリなどＯＡの推進を目指す機関に寄託あるいは登録すること。

「ハゲタカ出版」

オープンアクセスではない従来の学術雑誌では、多くの場合査読作業による品質管理がなされていることや、収録される論文の分野が規定されているなどの特徴があり、利用者が必要とする論文等を探すための労力を減らすことができる利点があります。一方ＯＡ雑誌の品質は玉石混交であるといえますので、その利用にあたっては、何らかのフィルタリングが必要になることがあります。

オープンアクセスとの関連で近年話題になっているのが、「ハゲタカ出版」です。「ハゲタカ出版」は出版社が論文処理費用を得ることだけを目的に、投稿論文の内容や形式をチェックせずに論文として掲載することです。実際、内容そのものに固有の問題がある論文や形式が不備な論文が収録されている、品質の非常に悪いＯＡ雑誌は、いろいろあるといわれています。

これは利用者がＯＡ雑誌の論文にアクセスする際には、そのＯＡ雑誌が信頼できるものなのか否かをまず判断しなければならないことを示しています。こうした事態は従来の学術雑誌ではほとんどなかったといえるでしょう。したがって、図書館員は、「ハゲタカ出版」物を見分け、研究者にそれを知らせる役割が求められます。

3　ＳＰＡＲＣ

学術界がオープンアクセスに関心を示すようになった理由は、印刷形態の学術雑誌の価格の著しい高騰のためでした。あまりにも急激な上昇は図書館の雑誌購入予算をはるかに凌駕し、多くの雑誌が購読中止に追い込まれました。学術情報の流通に関して生じたこうした危機に対処するために設立されたのが、ＳＰＡＲＣ（Scholarly Publishing and Academic Resources Coalition）です。したがって当初の具体的な活動は、出版社に働きかけて学術雑誌の購読価格の上昇を抑えることと、低い価格の雑誌の創刊を支援することでした。

ＳＰＡＲＣの活動に大きな影響を及ぼしたのが、二〇〇二年に設立されたブダペストオープンアクセス運動（ＢＯＡＩ、Budapest Open Access Initiative）です。この運動では、オープンアクセス、ＯＡ雑誌、セルフアーカイビングが学術情報の流通にかかわるコストの低減とその流通を促進するために必要であることが提唱され、学術界に大きな影響を与えました(4)。そしてＳＰＡＲＣは、活動の目的をオープンアクセスの推進へと大きく舵をとりました。購読形式の学術雑誌の将来に見切りをつけ、新しい形式での情報流通体制の確立に重きをおくようになったということです。

なお、わが国では国立情報学研究所が国際学術情報流通基盤整備事業の名の下にＳＰＡＲＣ ＪＡＰＡＮとしての活動を行なっています。二〇〇三年に開始された本事業は、当初は日本の学術雑誌の海外への認知度を向上させることを目指していましたが、二〇一〇年度以降は、オープンアクセスの実現と推進に力を注ぐようになりました(6)。

４　機関リポジトリ

研究成果は利用されてこそ意味があります。これまで多くの研究成果は、学術的な図書・論文等にまとめられて将来の利活用に供されてきました。そしてデジタル環境では機関リポジトリ

(Institutional Repository、ＩＲ）とよばれるものが、新たな手段として大きな役割を果たすようになりました。機関リポジトリは、個々の機関で生産された研究成果などの成果物をその機関が設定した方針、規則、方式で収集・管理して、利用者に提供します。

機関リポジトリが生まれた背景はいくつか考えられますが、その一つは、印刷形態の資料を主として扱ってきた従来型の図書館では的確に管理することが難しいデジタル資料に特化して、その管理・提供を行なおうとするデジタル図書館を志向するものでした。学術雑誌の価格の高騰、雑誌購読予算の縮小によって学術情報の円滑な流通が支障をきたしている現在の状況を改善し、新たな流通経路を開拓する試みでもあるといえます。ブダペストオープンアクセス運動も、機関リポジトリの構築に大きな影響を及ぼしました。

具体的な活動は、論文や学術書の生産者である著者がその原稿を機関リポジトリに寄託することによって始まります。この作業はセルフアーカイビングとよばれます。機関リポジトリが成功する鍵は、セルフアーカイビングが十分なされ、研究成果の大規模な蓄積が行なえるかどうかにかかってきます。

機関リポジトリの主な目的は上述した点にあるといえますが、その他にもリポジトリを運営する機関そのものにとっての目的もあげられます。たとえば研究成果を広く知らしめることができる、広報・宣伝材料となる、研究・教育活動の遂行に貢献するなどが考えられます。これらは機関リポジトリを設立する利点ともいえます。したがって、機関リポジトリに収録される資源は、学術論文や学術図書に限定されません。会議報告、学位論文、機関経営に役立つ資料、カリキュラムや教材などの教育用の資料等も含むことがあります。

個々の機関リポジトリが単に乱立するだけで相互の連携や協力関係が存在しないのであれば、機関リポジトリの意義・効果は個々の機関の範囲に限られてしまい、学術情報の流通にはあまり寄与しません。つまり、複数の機関リポジトリ間にまたがって必要な情報を得ることができることが重要なのです。

わが国でも多くの大学で機関リポジトリが構築されており、国立情報学研究所の「機関リポジトリ一覧」(7)でその実態を知ることができます。国立情報学研究所は、わが国でのコンテンツ関連事業の成果の継承と拡充をはかり、次世代学術コンテンツ基盤の整備を行なってきましたが、その一環として、各大学における機関リポジトリの構築とその連携を支援しています(7)。なお、二〇一五年三月に公表された文部科学省の平成二六年度「学術情報基盤実態調査」では、機関リポジトリを持つ大学は、三七三大学（全大学の四七・九％）であり、前年度より一〇〇校以上増加したことが示されています(8)。

5　クリエイティブ・コモンズ

研究・開発活動の成果である著作物は再利用されてこそ意味があります。しかし再利用に関しては、著作権者の権利を侵害するようなことがあってはなりません。著作権（法）は、著作権者の権利を守りつつ新たな知識の生産、学術の振興のために著作物の再利用を認めています。しかし、著作権（法）は、個々の著作物の再利用の仕方に関して細かく規定しているわけではありません。したがって、著作物の再利用を保証するためには、新たな取組みが必要となります。こうした取組みを具体化するために設立された団体として、クリエイティブ・コモンズ（ＣＣ、Creative Commons）があげられます。

　クリエイティブ・コモンズは、著作物の適正な再利用を促進するために、著作物が再利用される場合のライセンスの種類を策定しそれを普及する活動を行なう、国際的な非営利団体です。クリエイティブ・コモンズが策定したライセンスは、クリエイティブ・コモンズ・ライセンスとよばれ、「著作権者の表示」、「非営利目的への利用限定」、「改変禁止」、「派生物に対するライセンスの継承」の四項目があり、それぞれ🅯ＢＹ、🄏ＮＣ、⊜ＮＤ、🄎ＳＡの記号で表示されます。著作物にはこれらを組み合わせた合計六種類のライセンスのうちの一つが、先頭にクリエイティブ・コモンズを表す🅭をつけて付与されることになります。図3-1はこの六種類のライセンスとその権利の強さを段階的に示したものです。なお🅮はすべての権利の放棄、©はすべての権利の主張を表します[9]。そして、著作物の再利用にあたっては、付与されたこれらのライセンスに従うことが求められます。たとえば、🅭ＢＹ－ＮＤの記号が付与されている著作物を再利用する場合は、著作権者の表示が求められるだけでなく内容等の改変をしてはなりません。な

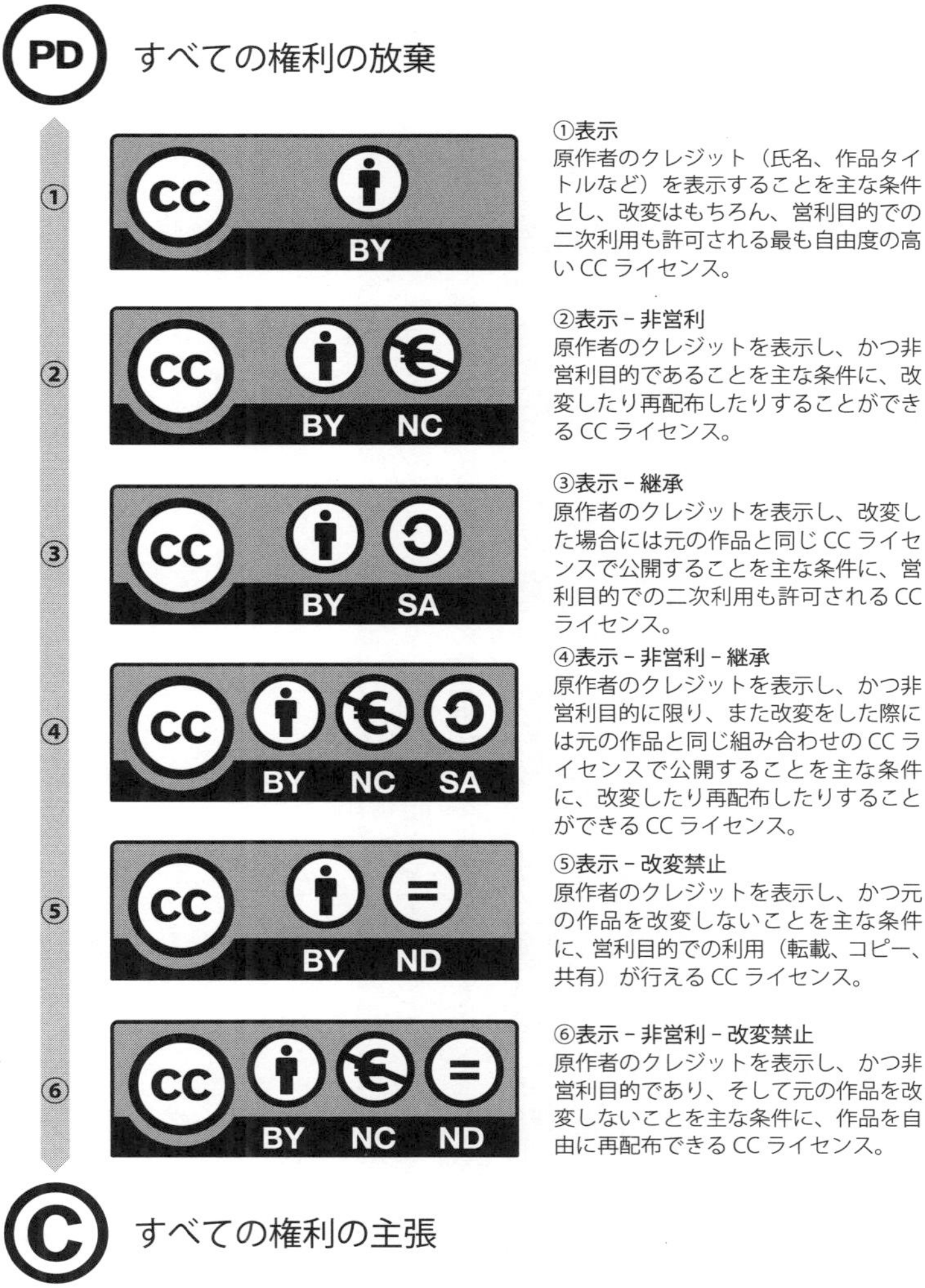
PD
すべての権利の放棄
①
CC BY
①表示
原作者のクレジット（氏名、作品タイトルなど）を表示することを主な条件とし、改変はもちろん、営利目的での二次利用も許可される最も自由度の高いCCライセンス。
②
CC BY NC
②表示－非営利
原作者のクレジットを表示し、かつ非営利目的であることを主な条件に、改変したり再配布したりすることができるCCライセンス。
③
CC BY SA
③表示－継承
原作者のクレジットを表示し、改変した場合には元の作品と同じCCライセンスで公開することを主な条件に、営利目的での二次利用も許可されるCCライセンス。
④
CC BY NC SA
④表示－非営利－継承
原作者のクレジットを表示し、かつ非営利目的に限り、また改変をした際には元の作品と同じ組み合わせのCCライセンスで公開することを主な条件に、改変したり再配布したりすることができるCCライセンス。
⑤
CC BY ND
⑤表示－改変禁止
原作者のクレジットを表示し、かつ元の作品を改変しないことを主な条件に、営利目的での利用（転載、コピー、共有）が行えるCCライセンス。
⑥
CC BY NC ND
⑥表示－非営利－改変禁止
原作者のクレジットを表示し、かつ非営利目的であり、そして元の作品を改変しないことを主な条件に、作品を自由に再配布できるCCライセンス。
©
すべての権利の主張

図3-1　6種類のクリエイティブ・コモンズ・ライセンスとその権利の強さ [9]

お、六種類のライセンスのうち再利用に関する制限が最も強いのは、表示－非営利－改変禁止（ⓒ BY－NC－ND）です。

6 DOI

電子ジャーナルでの論文数が劇的に増加するとともに、論文を画面で読んでいて、そこで引用されているコンテンツを読みたい、チェックしたい、簡単に入手したいという欲求が強まるようになりました。このようなニーズに応えるためには、電子化されたコンテンツを一意に識別できるコードが存在すれば大変便利です。こうした目的のために開発されたのが、DOI（デジタルオブジェクト識別子、Digital Object Identifier）です。図書を対象とするISBNに類似するものといえます。

DOIは、図書や雑誌だけではなく、その中に含まれる章、論文、表、さらには音楽・映像データなど電子化されたコンテンツを一意に識別する恒久的に不変な識別コードで、将来にわたって変更されることはありません。したがって、DOIは電子コンテンツの流通を促進し、学術コミュニケーションの有効性を高める手段として非常に有益といえます。

DOIは非営利組織であるIDF（International DOI Foundation）によって管理・運営されており、IDFにDOI登録機関（Registration Agency）として認定されている機関は、現在九つあり(10)、その中で最大なのが二〇〇〇年六月に設立されたCrossRefです。CrossRefへ参加している出版社、学協会は五三二二機関といわれます(11)。ジャパンリンクセンター（ＪａＬＣ、Japan Link Center）は、二〇一二年三月に日本初のＤＯＩ登録機関として認定されました(12)。ＤＯＩは、プレフィックス（prefix）とサフィックス（suffix）とよばれる文字列から構成されています。プレフィックスはＤＯＩ登録機関が出版社等に割り当てるＤＯＩ登録者番号で、サフィックスはＤＯＩ登録者（出版社等）が各電子コンテンツに対して付与する固有の文字列です。

世界最大のＤＯＩ登録機関であるCrossRefに登録されているＤＯＩの総計は七五〇〇万件(13)に及び、登録対象となるコンテンツの種類は、学術文献、学術書の章、データ、学位論文、テクニカル・レポートなど多岐にわたっています。この膨大な件数のＤＯＩに基づいてCrossRefは、さまざまなサービスを展開しています。CrossRef Metadata Searchはその一例です。

また、引用・被引用文献間のリンクを設定するCited-by Linking、剽窃の可能性がある文章を検出するCrossCheck、学術コンテンツの更新状態、正誤表の有無などを確認し最新の版情報を確認できるCrossMarc、助成機関の助成による研究成果を追跡できるFundRef、テキストマイニングやデータマイニングに使用するコンテンツを提供するCrossRef Text and Data Miningなどのサービスも提供しています(13、14)。そしてこうしたサービスに基づいてさまざまな機関が、その機関独自のシステムやサービスを開発しています。

CrossRefのサービスに基づいた新たなシステムやサービスの効果は、ＤＯＩをいかにうまく利用できるか否か次第ですので、いろいろ工夫が必要と思われます。現在引用文献の記述にはＵＲＬがよく使用されますが、リンク切れや記述の煩雑さの問題があります。したがってＵＲＬの代わりにＤＯＩを使用するようにすれば、この種の問題が解決されるだけでなく、検索も容易になることが期待できます。

ＤＯＩはコンテンツの所在場所を示すものではありません。したがって、ＤＯＩを使用する検索システムでは、コンテンツの所在場所を示すＵＲＬと結び付けることが必要になります。一方、ＵＲＬは永久不変ではありません。出版社等の都合により、コンテンツのＵＲＬが移動する可能性があります。ＵＲＬの不備によってコンテンツの所在場所が不明になることさえもあります。このような事態が生じれば、ＤＯＩを入力しても該当するコンテンツを得ることができませんので、出版社等がＵＲＬを変更した場合には、必ず新しいＵＲＬをＤＯＩに対応づけなければなりません。もしこうした取決めに信頼がおけないのであれば、ＵＲＬとＤＯＩとの対応関係を恒久的に保証するためには、出版社等ではなく、たとえば、電子ジャーナルや電子書籍のアーカイビング事業に携わっている、米国の非営利団体であるＪＳＴＯＲのようなアーカイブ機関が全面的に関与することが、必要になると思われます。

7　Linked Data

ウェブでは、ハイパーテキストのリンクによって、たとえばある文書からそれと関連する図表、写真、他の文書にたどりつくことができるようになっています。しかし文書はＨＴＭＬで記述されているため、リンクは一方向ですし、またリンクの種類や意味を規定することはできません。ウェブ文書は構造化されていないため、リンク先を詳細に表現することが不可能だからなのです。データの集合をハイパーテキストによってウェブ上に公開する場合も同様です。データ間の関係を明示的に示すことができないからです。これは、ウェブ上に公開されたデータの利活用を著しく妨げますので、何らかの取組みが必要になります。

こうした取組みとして考えられたのが、「機械的処理が可能で、意味が明示的に定義されていて、外部のデータとリンクしリンクされる形で公開されたウェブ上のデータ」[15]とよばれるLinked Dataです。Linked Dataではデータを構造化するために、データを主語、述語、目的語という関係を示すＲＤＦ（Resource Description Framework）という言語で記述します。そして、主語、述語、目的語を表現・識別するために、ＵＲＩ（Uniform Resource Identifier）を使用します。ＵＲＩはウェブ上で資源を一意に同定する識別子で、ＵＲＬの機能を拡張したものです。また、ＵＲＩを参照するために、ＨＴＴＰの通信プロトコルを使用します。したがって、Linked DataはＲＤＦ、ＵＲＩ、ＨＴＴＰによって構成されており[15]、他のデータ集合と明示的な関係で結びついた、ウェブ上の構造化されたデータ集合ということができます。この点に文書のウェブとの大きな違いがあります。ハイパーテキストのウェブとデータのウェブの違いを示したのが

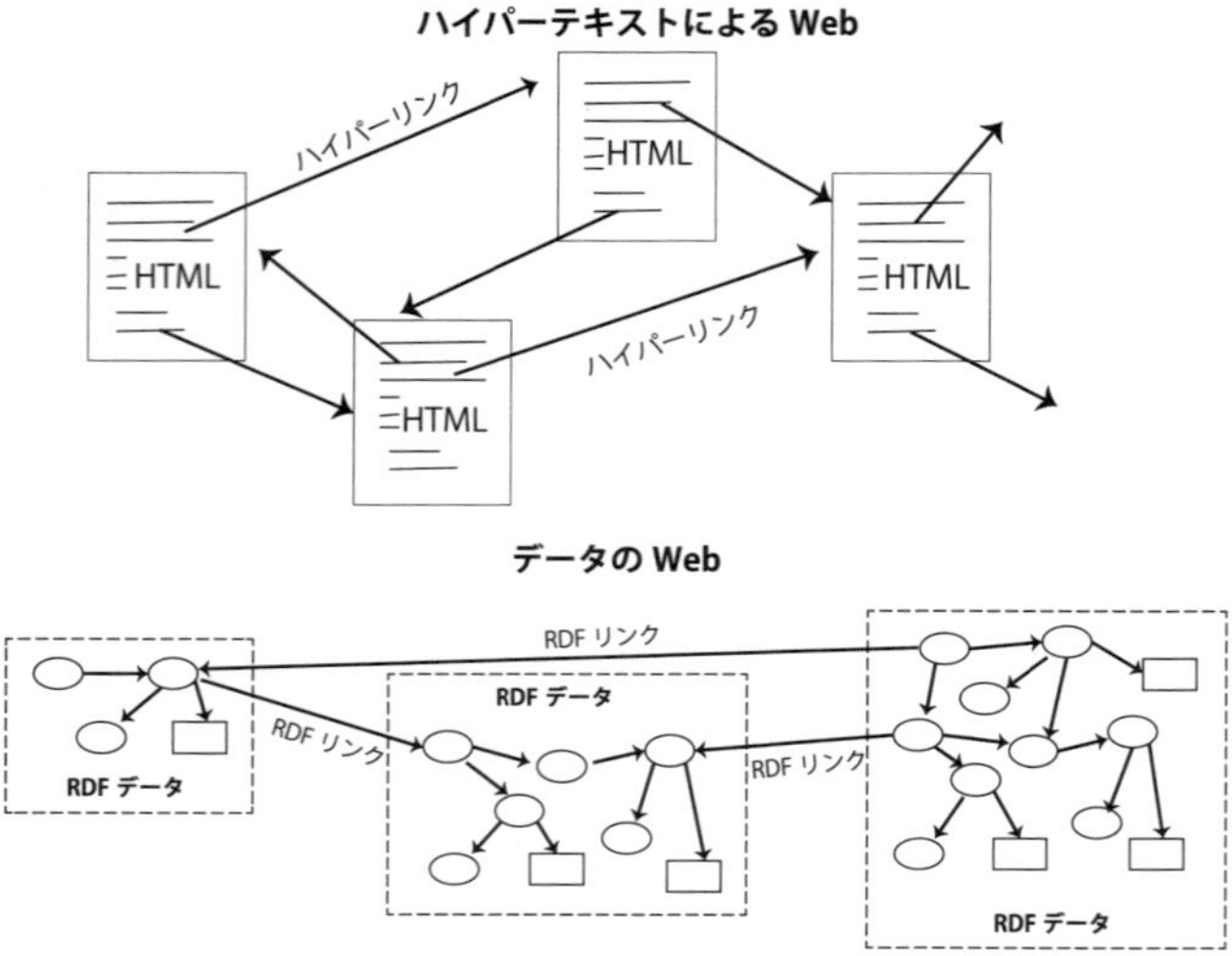

図 3-2　ハイパーテキストのウェブとデータのウェブとの違い
引用文献 15（p 84）の図より（表示を変更）

図3-2です[15]。

近年、政府機関や研究機関で生産される多量のデジタルデータがさまざまな新しい研究に使用されるようになりました。それを受けて政府機関や研究機関は、所蔵するデータを著作権などの制限なしに第三者による自由な利活用を意図して公開するようになりました。こうした意図で公開されるデータは、オープンデータとよばれます。

オープンデータの中には広範な利用を促進するために、Linked Data の形態をとるものが増えており、それらは Linked Open Data（ＬＯＤ）とよばれます。現在では件名標目表やＯＰＡＣデータなども Linked Open Data となっているものがあります。国立国会図書館や米国議会図書館の件名標目表はその一例です。また、国立国会図書館は、日本十進分類表を Linked Data の形式にするための共同研究を日本図書館協会と行なっています[16]。Linked Open Data の増大は、学術情報の流通を一層促進すると思われますので、こうした共同研究がわが国での Linked Open Data の隆盛に貢献することが期待されます。

1　Internet Archive.　https://www.archive.org/
2　国立国会図書館「インターネット資料収集保存事業」　http://warp.da.ndl.go.jp/
3　「二〇一五年ＩＩＰＣ総会〈報告〉」『カレントアウェアネス‐E』二〇一五、二八三号　http://current.ndl.go.jp/e1683
4　Read the original BOAI declaration. 2002.　http://www.budapestopenaccessinitiative.org/
5　Suber, Peter. Open Access. MIT Press. 2012. p.4.　https://mitpress.mit.edu/books/open-access
6　国立情報学研究所「国際学術情報流通基盤整備事業　事業概要」　http://www.nii.ac.jp/sparc/about
7　国立情報学研究所「学術機関リポジトリ構築連携支援事業」　https://www.nii.ac.jp/irp/
8　国立大学図書館協会「平成二六年度　学術情報基盤実態調査について　概要」　http://www.janul.jp/j/documents/mext/jittai26gaiyo.pdf
9　クリエイティブ・コモンズ・ジャパン「クリエイティブ・コモンズ・ライセンスとは」　http://creativecommons.jp/licenses/

10 International DOI Foundation. DOI Registration Agencies. https://www.doi.org/registration_agencies.html

11 CrossRef. Publishers & societies. http://www.crossref.org/01company/06publishers.html

12 ジャパンリンクセンター「JaLCについて」 https://japanlinkcenter.org/top/about/index.html

13 CrossRef. http://www.crossref.org/

14 長屋俊「CrossRefの動向 revisited」『カレントアウェアネス』二〇一四、三二一号、 http://current.ndl.go.jp/ca1836

15 Bizer, Christian, Heath, Tom and Berners-Lee, Tim. 荻野達也訳「Linked Dataの仕組み」『情報処理』二〇一一、五二巻三号、二八四―二九二ページ

16 「国立国会図書館、日本図書館協会と共同で日本十進分類法（ＮＤＣ）のLinked Data形式化に係る研究を実施」『カレントアウェアネス』posted 二〇一五・四・二七 http://current.ndl.go.jp/node/28379

4章　図書館業務システムから次世代型図書館システムへ

わが国での図書館業務への情報技術の導入や利用は、一九七〇年代に進展しました。この当時は目録、閲覧、受入れ（発注も含める）、雑誌管理、情報検索などの業務が機械化（コンピュータ）の対象として考えられていました。わが国の図書館業務へのコンピュータの導入は、主として大学図書館で開始されました。専門図書館では比較的早くから資料管理にコンピュータが導入されましたが、その大部分は情報検索用に限定され、受入れや発注など他の業務には波及していませんでした(1)。

近年のインターネットの急速な発展とさまざまな資料のデジタル化により、図書館業務システムに要求される機能は大きく変化しています(2、3、4)。

1　図書館業務システムとは

図書館で行なわれる業務は、多種多様で、図書館の種類（公共図書館、学校図書館、大学図書館、

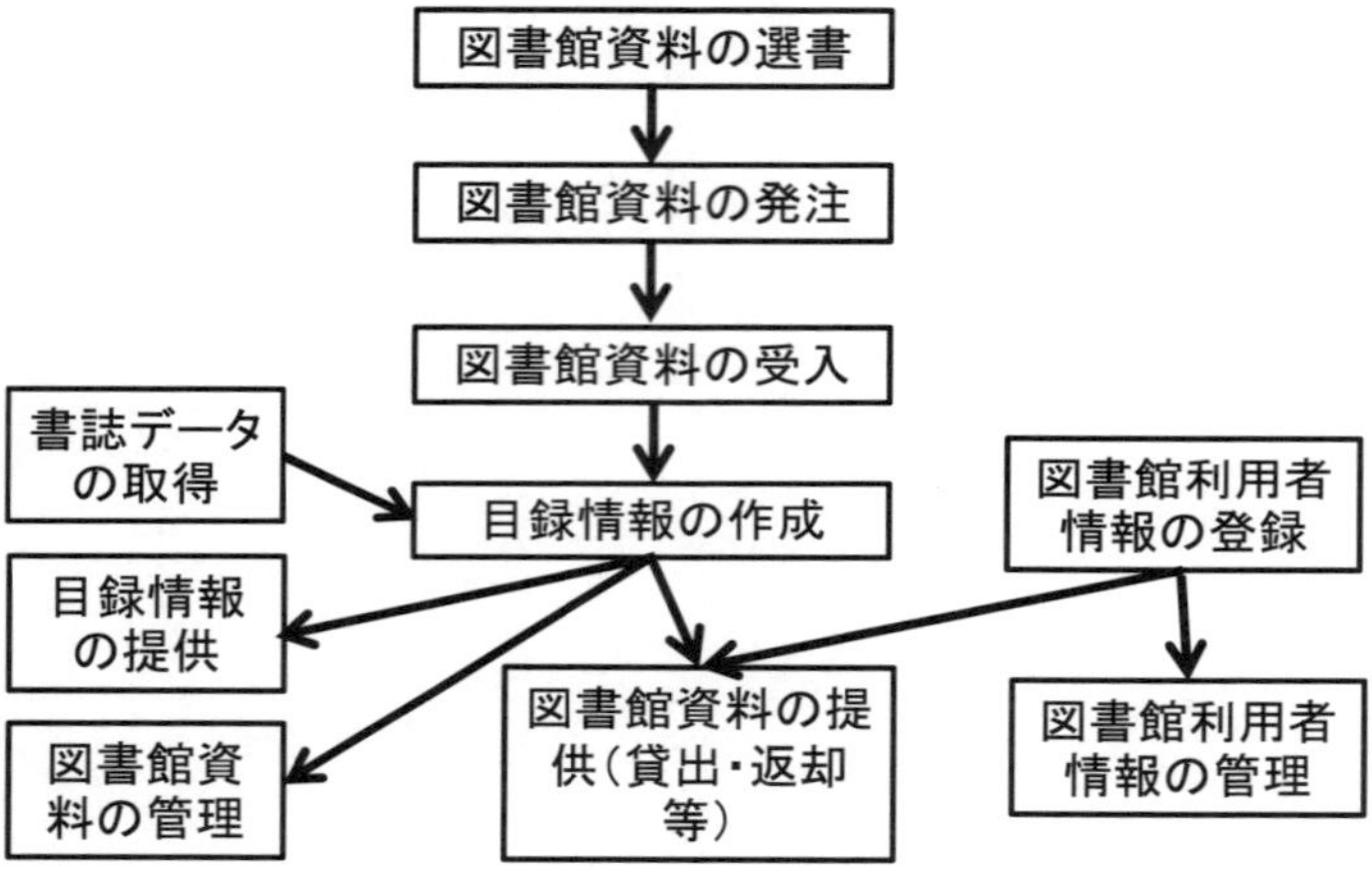

図 4-1　図書館の業務の流れ

専門図書館など）によっても変わってきます。図4－1に、基本的な図書館の業務の流れを示してあります。図4－1のように、図書館では必要な図書館資料の選書を行ない、必要な図書館資料を発注します。その後、図書館資料の受入を行ない、資料の目録を作成します。現在は、書誌データを参照したり、取得して自館の目録作成を行なっています。作成した目録情報は、自館での図書館資料の貸出しや返却時に利用するだけでなく、他館などでも利用できるように総合目録データベースに提供します。同時に、それぞれの図書館では、利用者に登録をしてもらい、利用者の登録情報を図書館資料の貸出しや返却に利用しています。図書館資料の目録情報や利用者の登録情報は、継続的に管理してゆく必要があります。

ここでは、まず、これらの図書館での基本的な共通業務がどのように図書館業務システムに、組

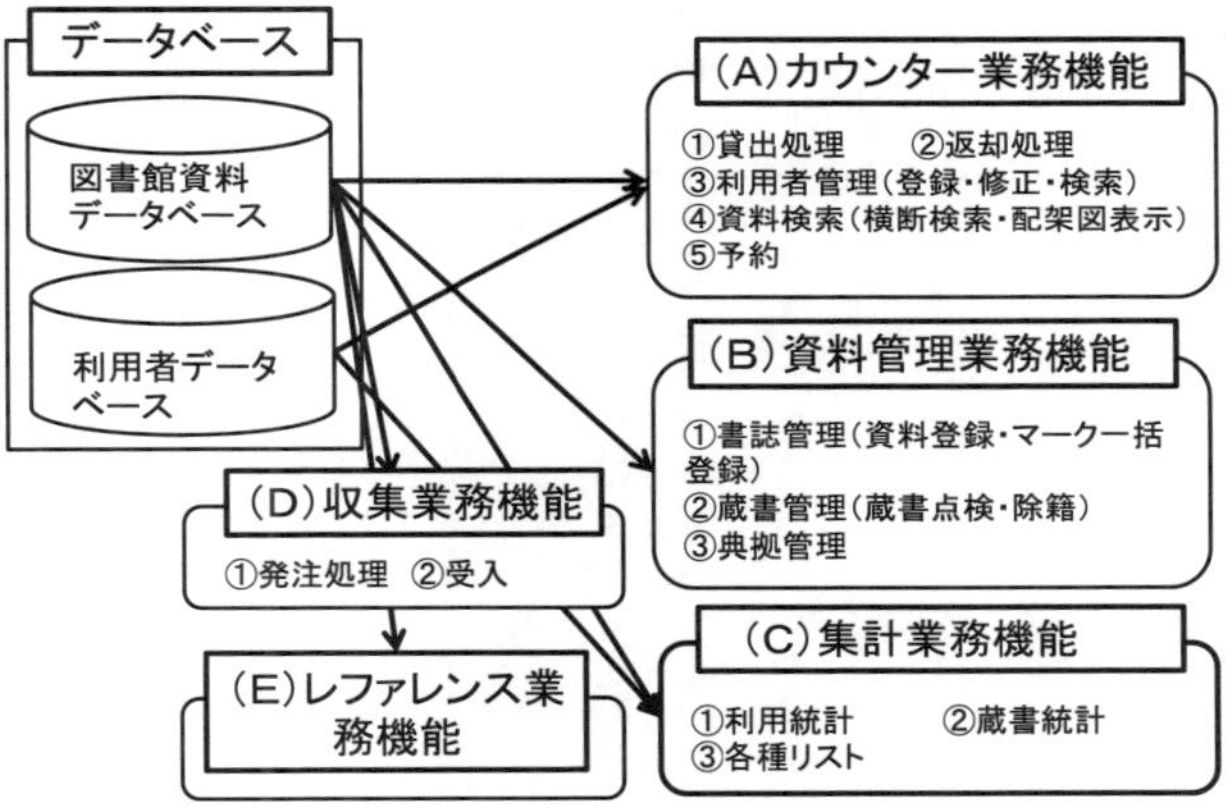

図 4-2　図書館業務システムの構成

込まれているのかを見てみましょう。

通常、基本的な図書館業務システムは、図4-2のように、図書館業務に必要な各種の機能を装備しています。基本的な図書館業務システムは、次のような機能から構成されています。

カウンター業務の機能は、貸出しの処理機能、返却の処理機能、登録・修正・検索などの利用者の管理機能、横断検索や配架図表示などの資料検索機能、貸出しの予約機能などから構成されます。これらの機能は、利用者が図書館資料を借出す際の基本的な機能です。

次は、資料管理業務についての機能です。この機能には、資料の登録機能や書誌データの一括登録機能など書誌データの管理機能と、蔵書の点検や除籍など蔵書の管理機能、および書名や著者名を標準化するための各種典拠の管理機能などが含まれます。図書館の業務を遂行してゆくうえで、利用者の窓口であるカウンター業務と並んで、図書館サービスを提供してゆくうえで大切な機能です。

効率的な業務や利用者へのサービスを改善してゆくためには、さまざまなデータを分析して、利用動向などを正確に把握することが大切です。そのための機能が、集計業務についての機能です。この集計機能には、利用統計、蔵書統計、各種リストなどが含まれます。図書館システムとしては、この他に、発注の処理や資料の受入情報など、図書館資料の収集業務についての機能や、利用者からの各種の質問に対応するためのレファレンス業務についての機能があります。

また、図書館システムが必要とされる機能は、公共図書館、学校図書館、大学図書館、専門図書館など図書館の種類によっても変わってきます。例えば、公共図書館などでは利用者が自分の携帯電話から蔵書検索が可能となるような携帯電話の利用システム、地域の複数の小中学校の図書を連携して管理が可能な学校図書館連携システム、図書の管理に無線を用いた識別システムであるＲＦＩＤを導入する図書館ではＩＣ管理システムが必要になります。

どのような機能が必要になるのかは、それぞれの図書館でどのような機能が求められているのかをよく考えて導入することが大切です。

2　図書館業務システムを取巻く課題

現在の公共図書館業務システムを取巻く課題について、狩野らは二〇一〇年の公共図書館を対象にした「図書館システムに係る現状調査」の結果を踏まえて、以下のように整理しています(5)。現在の図書館システムは、①不十分なサービス提供、②割高なコスト水準、③運営体制の脆弱さ、④システムの不用意な作りこみ、⑤未成熟な調達方法などの課題を抱えているとしています。

①不十分なサービス提供については、多くの図書館が現状のサービスの充実・改善を希望しており、新規機能での要望はそれほど高くないと指摘し、その理由としては、現在は図書館システムとしての基本機能であるともいえるインターネットでの予約機能ですら、その導入は五六・九%にとどまっている現状があるのではと指摘しています。

②割高なコスト水準については、全体の三分の二強の図書館が、システム経費は高いと感じているが、図書館全体の今後の課題としての優先順位は低く、削減への取り組みまで踏み込めていないのではないかと指摘しています。人口規模のほぼ同じ自治体の公共図書館間でも年間のシステム関係費には、大きな差があると指摘しています。

③運営体制の脆弱さについては、専任の担当者を置いている図書館は全体の五・八%と非常に少なく、システム担当者をまったく置いていない図書館が四割に達しており、図書館システムの管理が適切に実施されていないのではと指摘しています。

④システムの不用意な作りこみについては、人口一万人未満の図書館でも二八・九%もの図書館が図書館システムのカスタマイズを行なっていることから、業務内容の標準化や見直しが徹底

されていないのではないかと指摘しています。

⑤未成熟な調達方法では、図書館システムの調達方法は、一般競争入札や指名競争入札などの導入率が低く、随意契約の比率が高く今後調達方法の見直しの検討が必要と指摘しています。

このような課題が生じている背景として、ウェブOPACへの対応など図書館システムに要求されるサービスの高度化、図書館の人員体制や予算などの面での「体力」の低下、図書館運営の独立性などを指摘しています。今後の課題として、利用者ニーズの拡大と変化への対応の必要性が指摘されています。例えば、二〇一〇年三月頃に岡崎市立中央図書館の蔵書検索システムにアクセス障害が発生し、利用者の一人が逮捕されました。この事件では、利用者に攻撃の意図はなく、また、根本的な原因が図書館のシステム側にあったことから論議を呼びました(6)。

3　オープンソース図書館システム

自由な利用・修正・複製・再配布を認めたうえでプログラムのソースコードを公開しているオープンソースによる最初の図書館システムは、ニュージランドで二〇〇〇年に運用が開始されたKohaとされています(7)。海外では、オープンソース図書館システムが図書館システムの中で、商用のシステムと並んで、図書館システム市場の中で一定の位置を占めるようになってきました。その後、わが国でも海外のオープンソース図書館システムについての検討が進められました(8)。

二〇〇五年を過ぎた頃、商用のパッケージソフトを購入して、図書館システムを運用している多くの図書館は、図書館システム運用や更新に必要な費用の増大や、公共図書館でのビジネス支援や大学図書館での機関リポジトリの導入など、図書館を取巻く環境の大きな変化に直面しました。そのような中で、海外のオープンソース図書館システムプロジェクトに参加してシステムを共同開発してゆくことには言語の問題もあり、困難がともなうので、日本独自でオープンソース図書館システムを開発し、維持・管理をしてゆくコミュニティを形成する動きが生まれました。

そのような動きの中から生まれたのが、「Project Next-L」といえます。このプロジェクトは、図書館員自身の意見を集め、集約することで、柔軟で利用しやすいシステムを目指してスタートしました。オープンソース図書館システムを実際に実現するためには、現在の図書館システムの導入館にとって、大きなメリットがあることが要求されます。さらに、オープンソースソフトウェアの開発初期には、開発コストを低減できなければ、実現に向かって行けないと考えられていました。

オープンソース図書館システムの開発にあたっては、システムの要求分析、仕様の決定と記述、ドキュメントの整備、開発したシステムのテスト、販売のための広報活動、ソフトウェア利用者を対象としたトレーニングやサポートなどが必要とされ、これらの費用がシステム開発の大きな部分を占めるといわれています。この部分の費用を図書館員が自主的に協力することで、カバーできれば全体の開発費用は大きく引き下げることが可能と考えられ、実現に向けて取り組まれて

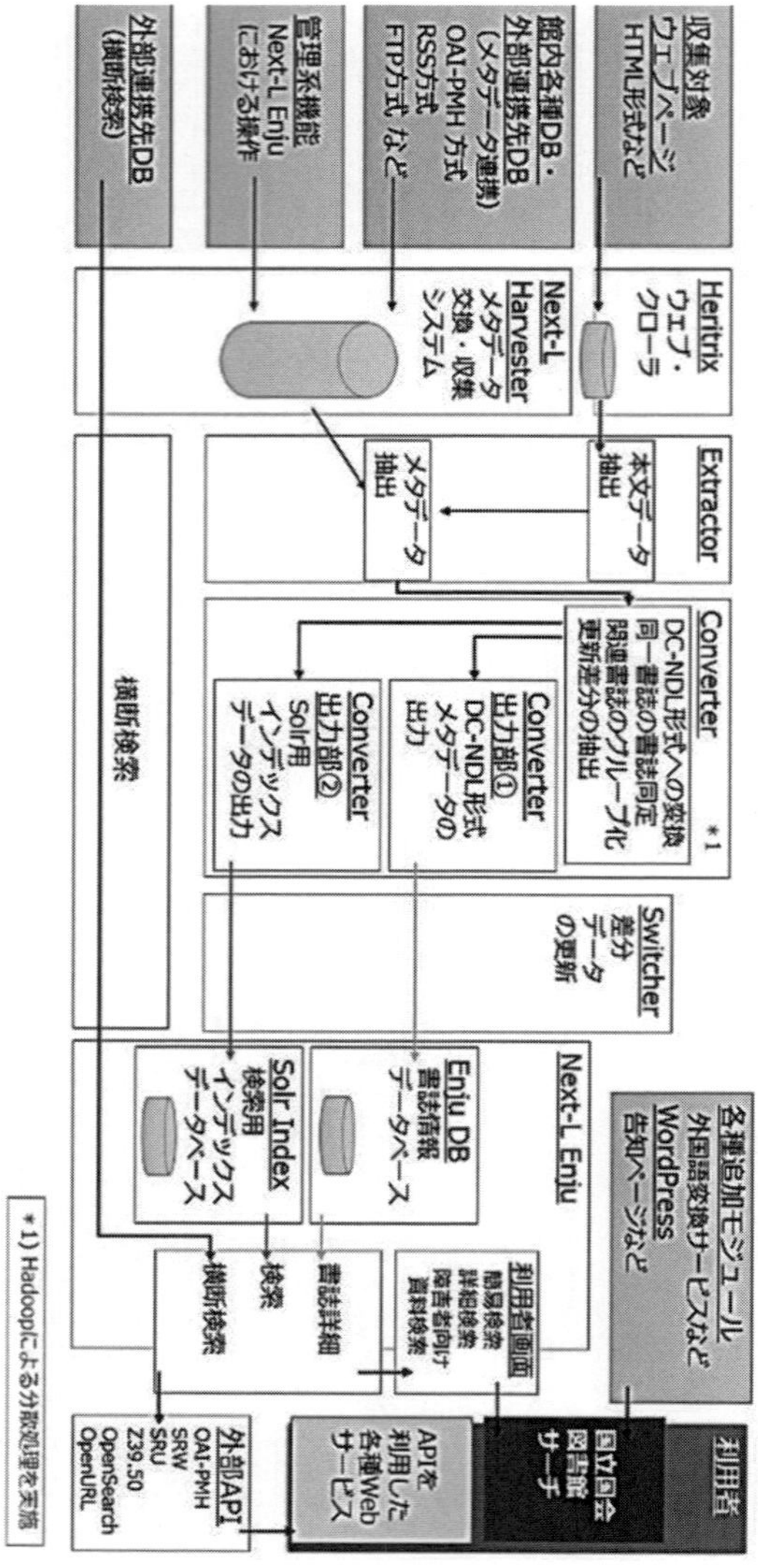

図4-3 国立国会図書館サーチのデータの流れ
(http://iss.ndl.go.jp/information/system/ より)

来ました(9)。

開発中のシステムは、現在 Next-L Enju として公開され、国立国会図書館サーチのベースとして利用されている他に、東京基督教大学やいくつかの図書館で使用が開始されています(10)。

図4-3で示されているように、国立国会図書館サーチでは、オープンソース図書館システムであるNext-L Enjuが「Enju DB(書誌データタデータベース)」、「Solr Index(検索用インデックスデータベース)」、「利用者画面」などで使用されています。さらに、「管理系機能」、「Next-L Harvester」などの機能もオープンソースとして、Next-Lから提供されています。

このように、国立国会図書館サーチではオープンソースソフトウェアを活用したシステム構築が行なわれています。国立国会図書館サーチはインターネットを通じ、専門家だけでなく幅広く利用できるように、複数の資料を一つの検索ボックスから利用できるようにしています。また、国立国会図書館サーチはオープンソースの統合図書館システムであるNext-L Enjuの他に、Heritrix、Hadoop、GETAssocといったオープンソースソフトウェアも使用してシステムを構築しています。

4　インターネットの普及による図書館システムの変貌

インターネットの普及により、図書館の利用者は図書館の館外からさまざまな図書館のサービスを利用したいと考えるようになりました。これらの要望に応えるためには、従来の図書館業務システムでは対応が困難な場面が多く生じました。そのために、利用者の新たな要望に応えるた

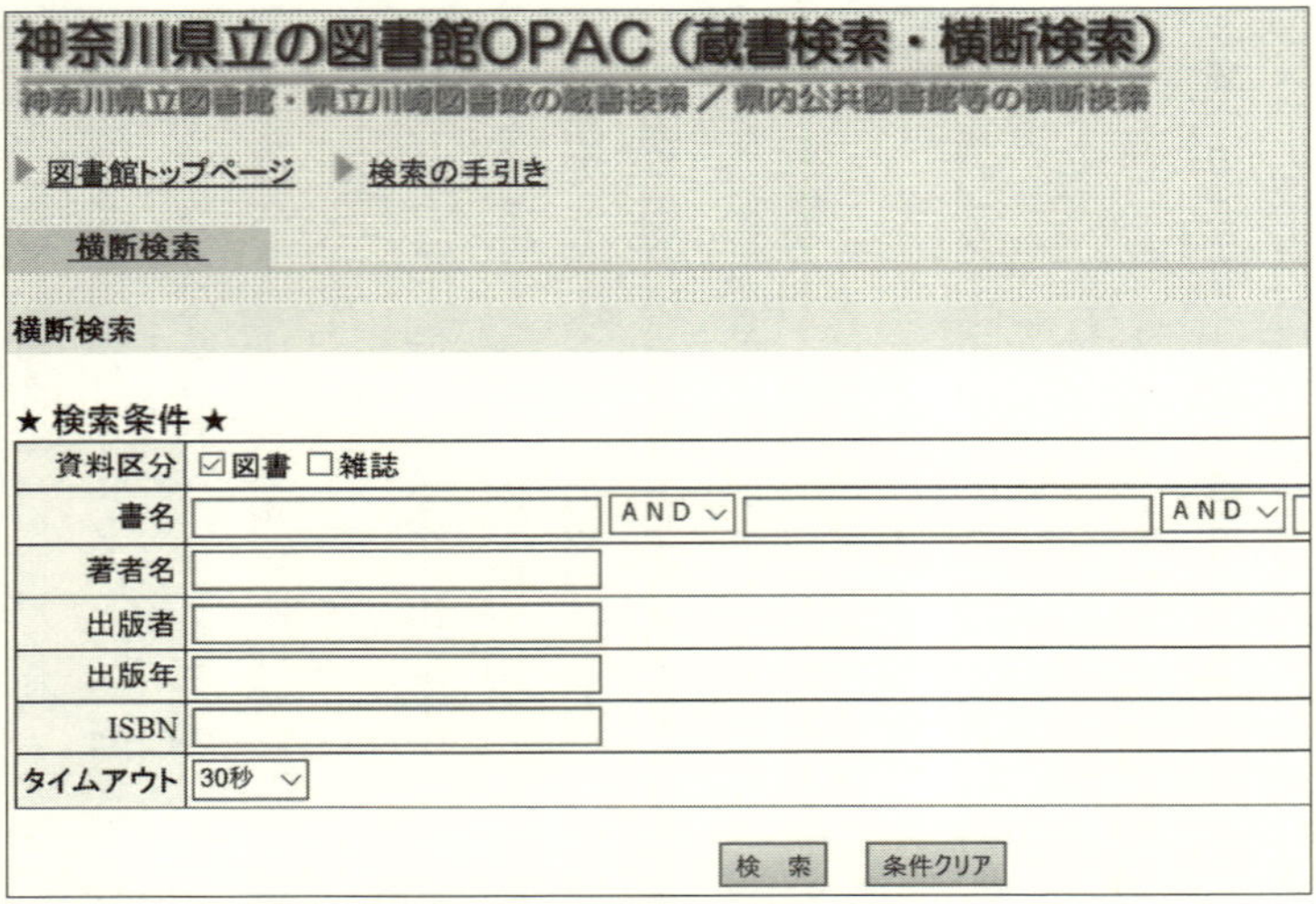

図 4-4　神奈川県の公共図書館等の「総合目録」
(https://www.klnet.pref.kanagawa.jp/cross/CrossServlet　より検索画面の部分）

め、従来の図書館業務システムとは別途にさまざまな要望に応えるためのシステムが開発されました。ここでは、図書館の利用者の要望に応えるために、開発された新たなシステムについて紹介していきます。

利用者の要望を反映して、まず、図書館のオンライン目録がウェブで利用できるようになりました。ウェブで利用できるオンライン目録は、一般にウェブＯＰＡＣと呼ばれるようになり、現在は多くの図書館で採用されています。日本図書館協会の二〇一二年の調査では、都道府県立図書館、政令指定都市、特別区、県庁所在地の市の図書館ではすべてウェブで蔵書検索ができるとのことです。さらに、九割近くの市区町村図書館の蔵書がウェブＯＰＡＣに対応しており、各図書館の蔵書をウェブで検索できる時代になったといえます（11）。

図書館は蔵書をそれぞれの図書館でウェブOPACとして館外に公開するだけでなく、複数の図書館が連携・ネットワークして、一括して複数の図書館の蔵書を探せるようにする「総合目録」の作成が試みられてきました。全国の公共図書館の多くでは相互に協力し、利用者は近くの図書館に申込をすれば、その図書館にない資料を他の図書館から送ってもらい利用することができる相互貸借も多くなっています。図4-4のようにほとんどの都道府県が域内の公立図書館の蔵書が一括して横断検索できる「総合目録」を作成して提供しています。県によっては、域内の大学の蔵書も横断検索できるようにしているところもあります。

大学図書館の蔵書を一括して探すには、「CiNii Books」を使用します。「CiNii Books」では、全国の大学図書館等が所蔵する本（図書や雑誌等）の情報を検索できます。「CiNii Books」は、国立情報学研究所が運用する目録所在情報サービス（NACSIS-CAT）に蓄積されている全国の大学図書館等約一二〇〇館が所蔵する約一〇〇〇万件（のべ一億冊以上）の本の情報や、約一五〇万件の著者の情報を検索できます。レコード件数は二〇一四年四月一日時点のものです。CiNii Booksで提供されているデータはNACSIS-CATを通じて全国の大学図書館等が共同作成していいます。NACSIS-CATに参加している大学図書館は所蔵している図書・雑誌の情報を総合目録データベースに登録しています。CiNii Booksには最近出版された書籍だけでなく、明治期以前の古典籍や洋書あるいはＣＤ・ＤＶＤなども収録されています。探したい資料が、どの大学図書館等にあるかを検索できます。また、特定の地域や図書館に絞り込んで検索することもできます。また、検索して得られた図書や雑誌のレコードから各大学図書館のOPACに直接リンクしており、すぐに借りられるか等の詳細情報を確認できます。また、各種ウェブAPI（Application Program Interface）が提供されていますので、他のシステムやウェブサービスからも利用できます。

「国立国会図書館サーチ」は、国立国会図書館が提供している検索サービスで、国立国会図書館が所蔵する資料のほかに都道府県立図書館、政令指定都市の市立図書館の蔵書、および国立国会図書館や他の機関が収録している各種のデジタル情報などが検索できます。

また、次のような検索上の機能があり、的確な情報が得られるよう工夫されています。例えば、あいまいな表現から資料を探す機能、出版者や出版年あるいは判型を変えて何種類も刊行された図書をまとめて表示する機能、英語や中国語あるいは韓国語の資料を探す場合に便利な翻訳機能、よく利用する図書館などを設定できるカスタマイズ機能などです。

利用者の調べ物の相談に乗るレファレンスサービスも、インターネット環境が普及する中で急速に変化しているものの一つです。従来は、図書館に出かけて、個別に相談する必要がありましたが、最近ではインターネットで調べ物の相談をすることができ、自宅でインターネットを通じて返事をもらうことができます。今後は、レファレンスの事例をデータベース化して、お互いに共有することがさらに進められていくでしょう。このような、レファレンスに関する全国的な共同データベースが、国立国会図書館と、公共図書館、大学図書館、専門図書館、学校図書館などの協力により作成され、「レファレンス協同データベース」として公開されています。レファレンス協同データベースには、公共図書館、大学図書館、専門図書館、学校図書館等におけるレファレンス事例、調べ方マニュアル、特別コレクション及び参加館プロファイルに係る約七万五〇〇〇件のデータが蓄積されています（http://crd.ndl.go.jp/jp/public/）。

最近では、オンラインでの蔵書検索で所蔵情報を確認したあとに、利用者は自宅から貸出予約することができる「予約サービス」が広がっています。ただし、予約サービスを利用するには、それぞれの図書館に利用者登録をする必要があります。インターネットで図書館の貸出予約ができる公共図書館は、二〇一二年一一月二六日時点で、四六の都道府県立図書館と、八四五の市町村立図書館となっています。このように現在では、多くの公共図書館がインターネットでの貸出予約ができるシステムを提供するようになっています。

5　デジタル資料を活用するための工夫

図書館で収集している図書や雑誌などの資料は、従来、紙媒体のものを中心に扱っていました。近年、それらの資料は急速にデジタル化され電子ジャーナル、電子書籍、データベース、デジタル化された各種のデジタル資料として、電子的な手段でネットワークを通じて提供されるように変化してきています。

このことは、従来の図書館内部の紙資料の選書、受入れ、貸出し、返却などの業務処理を中心としてきた図書館業務システムの大きな限界を明らかにしました。そのために、特に、二〇〇〇年代以降においては、これらのデジタル資料を図書館業務システムにどのように位置づけして、デジタル資料への対応が可能なシステムを構築してゆくかについて、さまざまな検討がなされてきました。しかし、これらのデジタル資料は、紙資料の管理や貸出しなどのために開発された従来の図書館業務システムに組込みにくかったために、デジタル資料を扱うための専用のシステムが登場し、大学図書館を中心に普及してきました(2)。

デジタル資料を扱うためのシステムには、①デジタル資料リスト、②リンクリゾルバシステム、③デジタル資料管理システムがあります。これらのシステムがその機能を発揮するためには、事実や常識、経験などの知識をコンピュータが解読できる形にしてデータベースにした、知識ベース(knowledge base)が必要となります(12)。ここでの知識ベースは、図書館で構築している紙資料の書誌・所蔵・発注データベースとデジタル資料について同様な情報を収載している他に、雑誌や書籍の出版社からデジタル資料のデータをシステム提供会社が取得するなどして、データの整備に大きくかかわっている点で違いがあります。

デジタル資料を扱うシステムの種類によって管理可能なデータの項目は異なりますが、システムを導入した図書館で、契約した電子ジャーナルや電子書籍のデータなどを知識ベースに登録することで、利用者がデジタル資料に容易にアクセスできるようになります。デジタル資料のリンク先のデータなどのメタデータは変更されることも多いので、メタデータ情報を適切に維持・管理することは、デジタル資料を扱うシステムの有用性に関係してきます。これらの日常的に発生するメタデータの維持・管理をシステム提供会社に任せられるという点は、導入しようとする図書館にとって大きな負担の軽減になります。

デジタル資料（電子リソース）リスト

「デジタル資料（電子リソース）リスト」は、アルファベットあるいはあいうえお順に、その機関で契約中のデジタル資料を一覧できるウェブページを作成するシステムのことです。利用者は、アルファベット順や分野別に並んだタイトルリストを閲覧するだけでなく、タイトル中の単語、分野名、出版社、論文に付けられた固有の番号であるＤＯＩ（Digital Object Identifier）、ＩＳＢＮ、ＩＳＳＮなどの項目で検索することもできます。また、各研究者の要望に合わせて各自の「お気に入り」のジャーナルを登録したり、ジャーナルリストをＣＳＶ形式でダウンロードしたりできます。電子ジャーナル タイトルリストの作成・管理ツールとしては、プロクエスト社の 360 Core やエビスコ社の Full Text Finder などがあります。

リンクリゾルバシステム

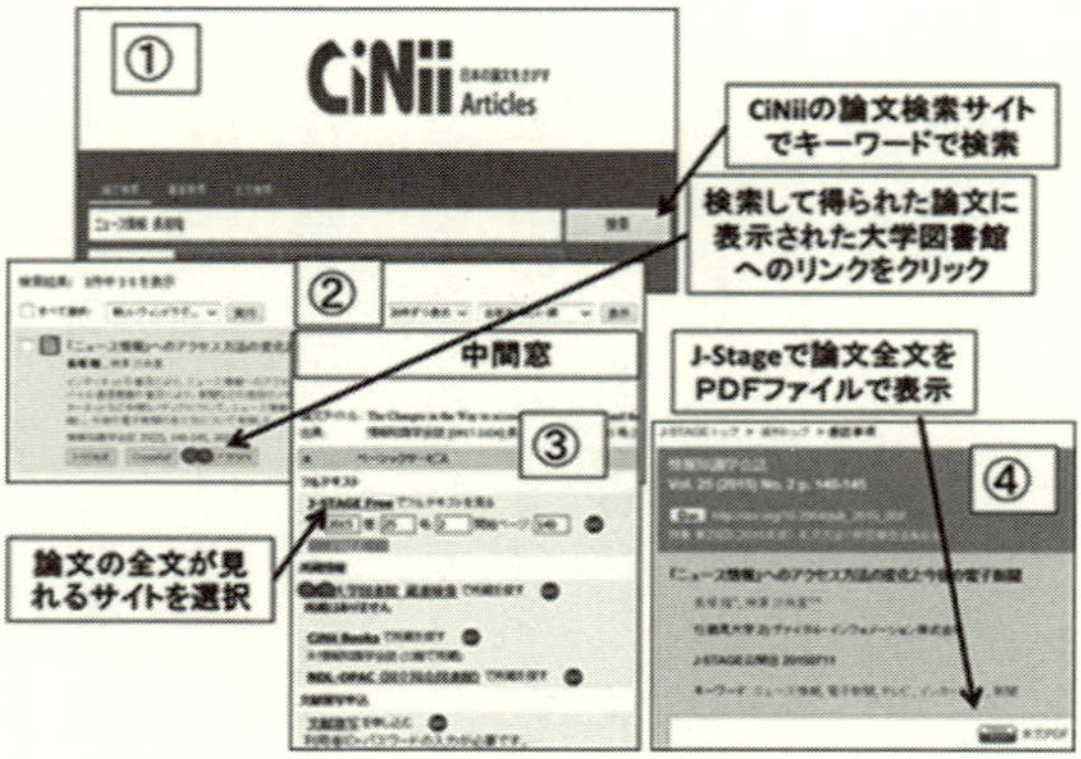

図 4-5　リンクリゾルバシステムでの利用者の最適コピー入手手順
（鶴見大学図書館で導入しているシステムを一部参考にして作成）

それぞれの大学図書館などが、自館で利用できる電子ジャーナルや電子書籍のデジタル資料だけでなく、自館で所蔵する紙媒体の雑誌や図書の資料や図書館が提供する論文の複写サービスへの案内など、図書館の利用者にとって、最も良い条件で論文が入手できる（いわゆる最適コピー）ためのシステム、論文の書誌データと論文の全文の閲覧とを関係づけるために考案されたのがリンクリゾルバシステムといえます。

それでは、図4-5で、リンクリゾルバシステムで利用者が最適コピーを入手するまでの手順を見ていくことにしましょう。最初（図4-5の図中①）は、リンクリゾルバシステムから自館で利用できる電子ジャーナルなどの情報を提供している検索サービスであり、日本の論文を探せるCiNii Articlesで、キーワードから論文を検索した画面です。次は、検索結果を出力した画面（図 4-5の②）で、論文の書誌事項に続いて、画面の下に、自分の大学図書館で論文が入手できる場合には、アイコン(リンク)が表示されます。リンクをクリックすると、「中間窓」(図4-5の図中の③）が表示されます。この中間窓には、電子ジャーナルで入手可能、印刷体の雑誌を図書館で購入、外部のサービスでの入手、あるいは論文の複写サービスへの案内など、自館で可能な論文の入手経路が表示されます。利用者（図 4-5の図中④）は、それらの選択肢から最適なものを選んで、論文を入手することができます。

デジタル資料（電子リソース）管理システム

紹介してきたデジタル資料リストやリンクリゾルバシステムは、利用者が直接利用するシステムですが、これらのシステムが適切に機能するためには、各図書館の自館の情報を図書館員がデータベースに登録する必要があります。

そのために使用されるシステムを「デジタル資料（電子リソース）管理システム」と呼んでいます。このシステムは図書館内部で使用される管理業務用システムになります。デジタル資料管理システム、図書館で契約したデジタル情報資源（データベース、電子書籍、電子ジャーナル等）を、図書館員が管理するために支援を行なう用途で開発されたシステムで、ライセンス管理、更新、法定利用、アクセス管理および蔵書構築などを含むものとされています。

「デジタル資料管理システム」を搭載した製品には、プロクエスト社の 360 Resource

Manager、エクスリブロス社のVerdeなどがあります。日本国内ではオープンソースのNext-L Enju ERMSが開発されています。現在、デジタル資料リストやリンクリゾルバシステムは、多くの大学図書館で利用されていますが、デジタル資料管理システムについては、まだ、導入している図書館は多くないようです。国立情報学研究所では、大学図書館と協力してデジタル資料（電子ジャーナル、電子書籍等）の書誌データと契約情報を一元的に管理できる電子情報資源管理システム（ERMS）の実証実験を行なってきました(13)。また、日本国内の大学図書館等で入手可能なデジタル資料の総合目録を作成するプロジェクトを進めています(14)。

6　ディスカバリーサービス

利用者にとっての最適な論文を探すための仕組みである「リンクリゾルバシステム」が普及するようになると、図書館の利用者が自分の図書館で最適な情報を発見できる仕組みを提供するサービスという意味で、「ディスカバリーサービス」という用語が広く使用されるようになりました。ディスカバリーサービスの仕組みについて、図4-8で、見ていくことにしましょう。

ディスカバリーサービスでは、「リンクリゾルバシステム」の項でも紹介しましたが、最初に、図4-6の左にあるWeb of Scienceなどの二次情報データベース、CiNiiなどの論文検索サイト、グーグルスカラーなどの検索サービスサイトなどに、それぞれの図書館で利用可能な雑誌、電子

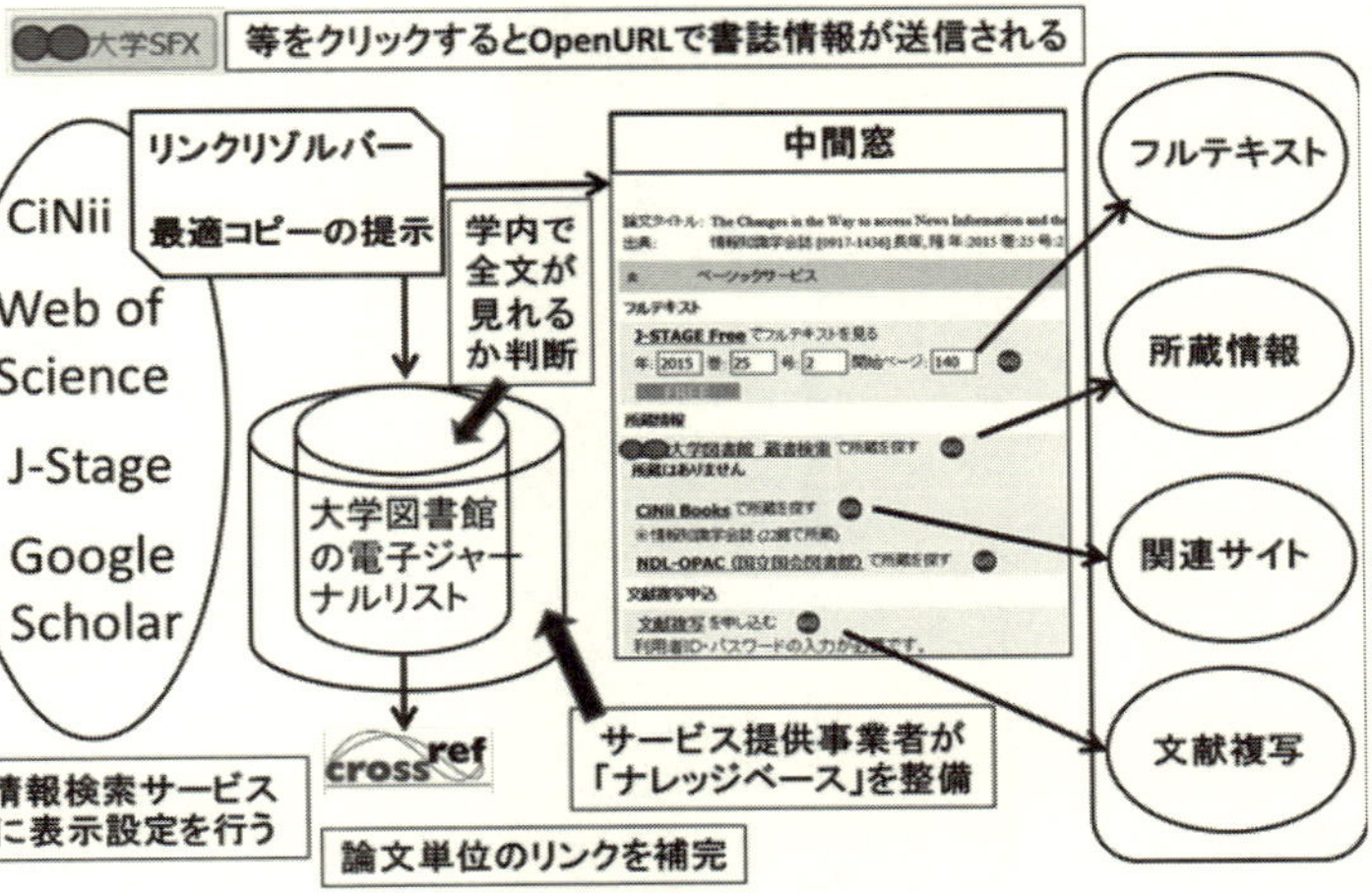

図4-6　ディスカバリーサービスの構成例
（鶴見大学図書館で導入しているシステムを一部参考にして作成）

ジャーナル、書籍、電子書籍などをそれぞれの論文や書籍ごとに、ソース設定を行なうことで、図4-5で示したように、論文検索サイトCiNiiなどの検索結果に「リンクリゾルバ」のアイコンが表示されるようになります。このアイコンは、図書館の紙資料やデジタル資料中の論文などへ案内してくれます。

利用者がアイコンをクリックすると、図4-6の中央にある「中間窓」の画面が表示されます。この画面では検索して得た論文情報などに、それぞれの図書館が提供できる詳細情報が「中間窓」として提示されます。例えば、その論文が掲載されている雑誌が図書館で紙資料として閲覧できる、電子ジャーナルとして契約しており閲覧できるなどの情報が提示されます。さらに、図4-6の中間窓の画面で、図書館の複写サービスの依頼や外部の文献データベース・検索サービスなどへのリンクも表示させることができます。

図４-６に示したように、「リンクリゾルバ」のシステムを使用することで、従来のＯＰＡＣやデジタル資料リストでは難しかった図書館が提供できる電子ジャーナルに掲載された論文への案内が提示できるようになりました。このようなシステム間でのデータの受け渡しには、論文や図書・雑誌などの情報をシステム間でＵＲＬとして受け渡す際の標準規格である OpenURL が利用されています。OpenURL については、後述します。OpenURL は、図４-６の中央に示されている知識ベース（knowledge base）(12) に収録されたデータにもとづき動的にリンクを生成できるという点でも大切な役割を果たしています。また、OpenURL という標準規格を使用することで、自館のデータだけでなく、外部の機関が作成したデータも「リンクリゾルバ」システムで利用できるようになります。

個々の図書館では管理できない外部のグーグルスカラーなどの検索サービスや文献データベースの提供サービスにボタンを設置できますし、自動的にリンク生成が行なわれますので、リンク先の変更などの管理をシステムの提供者に任せることができる点も広く利用されている理由のひとつです。

ディスカバリーサービスでは、図４-６の中央にある知識ベースで論文ごとに付与されたＩＤ番号であるＤＯＩと、そのＤＯＩから論文全文にリンキングできるシステムである CrossRef とも連携することで、電子ジャーナルに掲載された個々の論文により容易により確実に到達できる

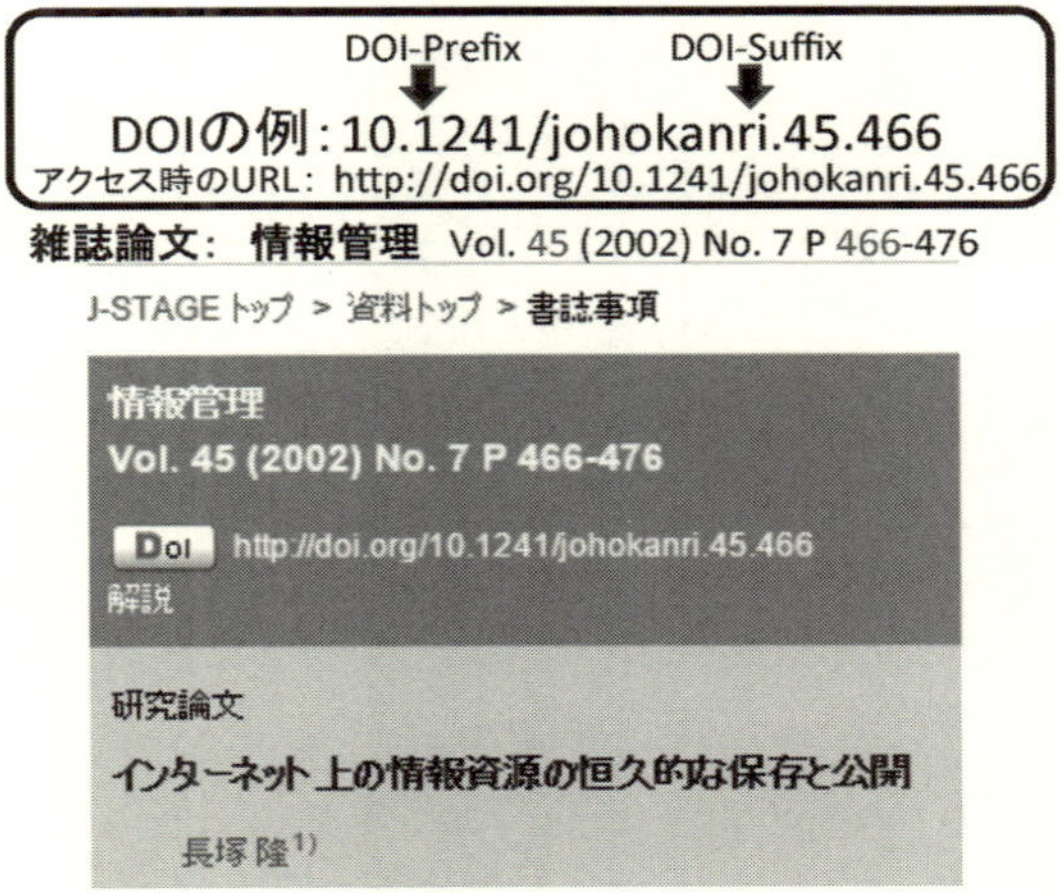

図4-7　実際に付与されたDOIの例

ようになっています。

DOIとCrossRef

それでは、リンクリゾルバシステムを搭載したディスカバリーサービスの技術を支える背景になっているDOIとCrossRefについて見ていきましょう。まず、DOIですが、一九九七年に、インターネット上のデジタル化された論文や図表などのデジタルオブジェクト（対象物）に、URLに変わって、持続的にアクセスする仕組みとして、考案されました[15]。現在では、電子ジャーナル中の論文などのデジタルオブジェクトの識別子に限定されずに、具体的な物にも「オブジェクトのデジタル識別子」として広範囲に付与されています。

日本で発行された雑誌論文などにDOIを付与するために、二〇一二年にジャパンリンクセンターが設立されました。ジャパンリンクセンターは、国際DOI財団（International DOI Foundation）からDOI登録機関に認定され、国内の各機関が保有する電子的学術コンテンツ（雑誌論文、学位論文、書籍（報告書）、研究データ、eラーニング用の教材等）の書誌・所在情報を一元的に管理し、DOIを登録しています。

図4-7は、実際に付与されたDOIの例です。DOIは、スラッシュで区分されたプレフィックスとサフィックスの二つの部分から構成されています。プレフィックスは、DOI登録機関が出版社などの登録者に付与しています。スラッシュから後のサフィックスは、出版社などの登録者が、それぞれの雑誌中の論文などが区別できるようにして付与しています。

ジャパンリンクセンターは雑誌論文にDOIを付与する目的で設立されましたが、現在では、各大学が運営する機関リポジトリに登録されたコンテンツや研究データへのDOIの付与などについて検討が進められています。

現在、DOIの登録機関は、日本の雑誌論文にDOIを付与するジャパンリンクセンターの他に、世界の論文にDOIを付与しているCrossRef、研究データにDOIを付与するDataCite、映画・テレビ番組・商用の音楽やビデオにDOIを付与するEntertainment Identifier Registry（EIDR）など、九機関に増加しています。このように、最近では、DOIの付与は雑誌の論文から研究データあるいは映画やビデオなど映像コンテンツにまで拡大してきています。ジャパンリンクセンターのサイトでは、DOIのサイトと同様に、自分が持っているDOI番号などから、書誌データを確認することができます。

このように、ＤＯＩシステムは、全体の仕組みを統括する国際ＤＯＩ財団、CrossRefやジャパンリンクセンターなどのＤＯＩ登録機関、そして個々の雑誌などを発行している出版社など個別のＤＯＩを登録する登録者により、構成されています。国際ＤＯＩ財団はＤＯＩとコンテンツの所在を示すＵＲＬとをペアにしてデータベース化して管理しています。国際ＤＯＩ財団は、新規のＤＯＩや所在ＵＲＬの登録や変更を受付けることで、ＤＯＩの問い合わせに対して適切な所在ＵＲＬを返答する機能を維持しています。

ＤＯＩの登録業務はＤＯＩ登録機関が行なっています。出版社などで自社の雑誌中の論文などのコンテンツにＤＯＩを付与したいときには、どこかのＤＯＩ登録機関の会員になる必要があります。デジタルコンテンツの発行者やデジタルコンテンツの管理者であるＤＯＩ登録者は、ＤＯＩとデジタルコンテンツにアクセスするＵＲＬとをペアにして登録します。登録されたＤＯＩで検索すると、ＵＲＬに変換され、そのコンテンツにたどり着くことができるようになります。

一九九〇年代に、電子ジャーナルを刊行する出版社数が増加するにつれて、複数の出版社のジャーナルを横断するリンキングシステムへの要望が強くなりました。ＤＯＩのスタートから少し遅れて、一九九九年に欧米の主要出版社一二社が引用論文から全文へのリンキングシステムCrossRefを開発すると発表しました(16)。二〇〇〇年に開始されたCrossRefは、ＤＯＩを実際に使用する最初のシステムになりました。CrossRefでは、論文の書誌データとＤＯＩが対応付けされていますので、利用者は、CrossRef の検索ボックスに、電子ジャーナル中の論文の著者名、タイトル、ＤＯＩ、研究者識別子（ＯＲＣＩＤ）、ＩＳＳＮなどの書誌データを入力することで、全文に到達できるようになります。このように、CrossRef を使用することで、データベースで検索した結果から CrossRef 経由で電子ジャーナルにアクセスすることができるようになりました。

OpenURL

ＵＲＬの記述中に論文の書誌データなどを挿入して情報を交換する OpenURL（バージョン０・１）は、一九九〇年代の後半に、ベルギーの図書館員で情報学の研究者であったヘルベルト・フォン・デ・ソムペルとその研究グループにより共通のリンクの仕組みを提供し、図書館での文献入手にあたっての「最適コピー」問題を解決するために考え出されました（17、18）。OpenURL の考えは、ベルギーの研究グループがＳＦＸと呼ぶ研究プロジェクトのなかで発展しました。その後、エクスリブロス社が SFX OpenURL リゾルバシステムとして販売しています。現在は、類似のサービスを提供している他の企業もこのシステムを使用しています。

OpenURL（バージョン０・１）の仕様は公開されていましたので、電子ジャーナルの論文の書誌データの標準的なリンク手法の一つとして広まりました（19）。その後、二〇〇五年に、米国情報標準化機構（ＮＩＳＯ）はコンテンツに関連するサービスのための新たな OpenURL の基準としてバージョン1・0を発表しました。このことで、論文の書誌データの交換だけでなく、広くさまざまなコンテンツに適用できるようになりました。

OpenURL の実際は、最初に自機関のリンクリゾルバのアドレスが記述され、それに続いて、該当の論文や書籍の書誌事項やＤＯＩ番号などが、規則に基づいて記述されます。

7　次世代型図書館システム

二一世紀に入って、電子商取引やＳＮＳなどの双方向的なウェブ環境が広まるなかでも、図書館の業務システムはどちらかというと従来の館内業務システムを中心としたものに留まりがちでした。そのために、利用者サービスに重点を置いたシステムの構築が十分できていないまま経過してきました。そのために、日頃からウェブ上のさまざまなサービスに親しんでいる利用者からみると図書館が行なっている利用者向けサービスは時代から遅れているとみられ、新たなウェブ環境の時代にふさわしい利用者サービスが可能なシステムの構築が求められるようになりました。

すでに見てきたように、資料のデジタル化の進展とネットワークの高速化という社会環境の変化のなかで、利用者の要望に応えるために、従来の図書館内の業務処理システムとは別途に、リンクリゾルバやデジタル資料管理システムなどの開発が進められてきました。

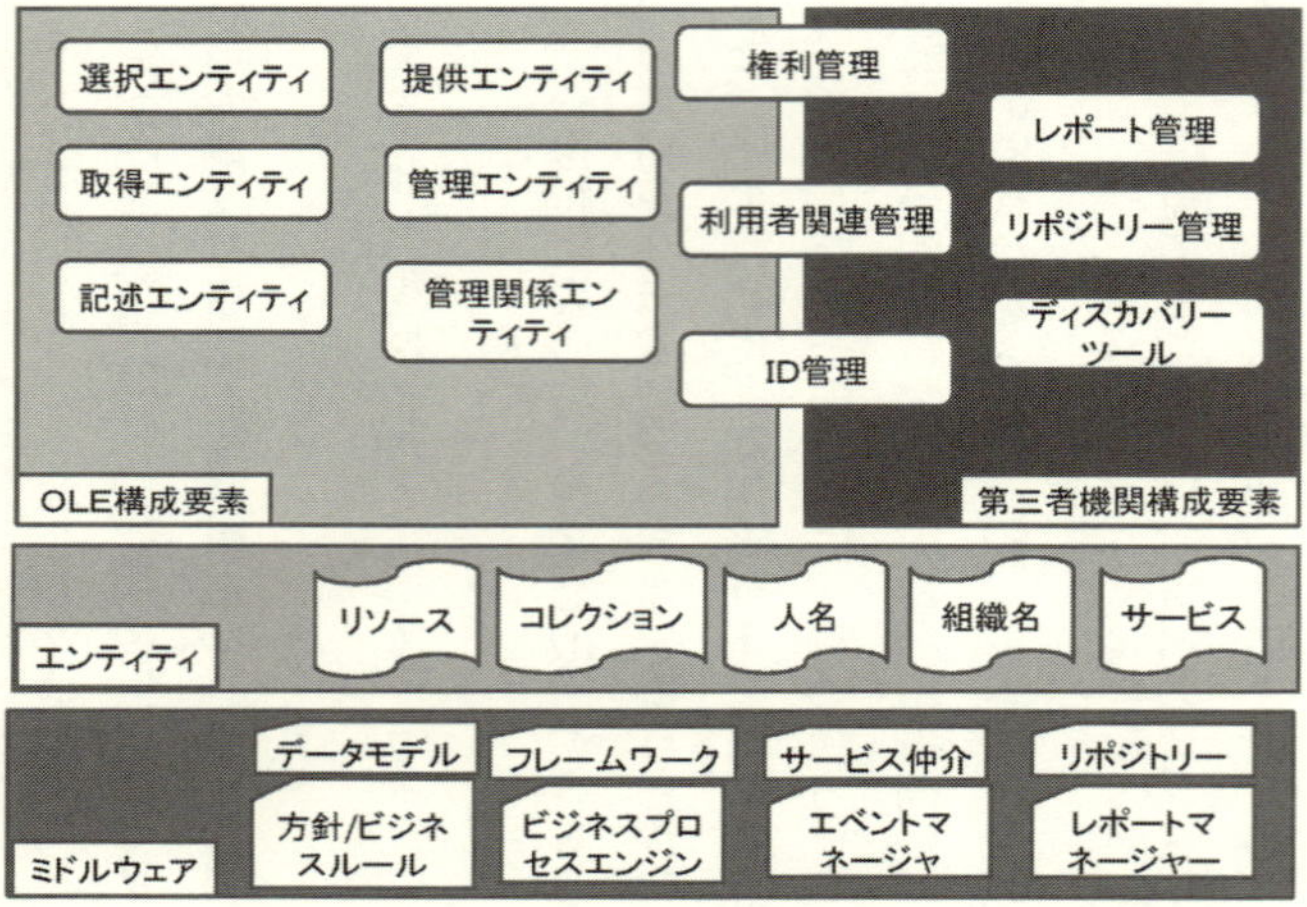

図 4-8　Open Library Environment（OLE）のための抽象参照モデル
（文献 21 の図を参照して作成）

その一方で、ウェブ上のさまざまな情報と図書館内の情報の統合的なサービスに適した次世代型図書館システムの開発の機運が高まりました（20）。

二〇〇九年には、米国を中心に次世代型のオープンソース図書館システムの構想を検討するプロジェクトOpen Library Environment (OLE) Projectが最終報告書を発表しました（21）。そのなかで、収集資料へのアクセスが中心である現行の図書館システムの改善の域に留まらずに、ウェブ上で提供されている外部の汎用システムやサービスとの親和性が高く、大学や研究所での研究プロセスに深くかかわれる次世代型図書館システムが求められていると述べています。これらの方向性は、大学などの教育機関での学術情報の交換方法が従来の紙での出版から、デジタル環境での電子的な情報交換や共有化の方向へと変化していることに対応したものになっています。

ＯＬＥプロジェクトでは図書館業務の見直しを行なったうえで、図４‐８のように他の汎用のシステムと親和性の高い次世代の技術環境に対応したシステムが構想されました。検討に当たっては図書館サービスや業務プロセスに基礎をおき、最終的には図書館で提供するサービスに基づく次世代型の図書館システムが目標とされました。次世代型の図書館システムは、業務に対応してプロセスごとにプログラムがブロック化され、業務の変化に応じて、新規の機能を追加あるいは使用しなくなった機能を削除しやすくする基本設計のもとで構想されました。さらに、導入済みの商用の図書館業務システムを完全にリプレースすることなしに、商用システムに機能を追加できるような親和性の高いシステムとして計画されました。

米国の多くの図書館は、二〇一二年の時点で、図書館の建物の内外を通じて、図書館サービスを提供するために使用できる自動的なツールについて、見直さなければならないと感じていました[22]。電子ジャーナルや電子書籍などのデジタル資料の増加などに対応するため、多くの機能を統合した図書館システムでもあるので、「ライブラリーサービスプラットフォーム」と呼ばれることが多いようです。ただし、次世代型の統合図書館システムを提供するサービス元は、これらの新しいサービスについて、「ウェブスケール管理ソルーション」、「ユニフォーム管理システム」あるいは「サービスプラットフォーム」などさまざまに読んでいるので注意が必要です[23]。

表４‐１のように、現在では、ＯＣＬＣのクラウドベースの図書館管理統合システムである

「WorldShare Management Services (WMS)」、エクスリブロス社の次世代型図書館管理ソルーションサービス「Alma」、イノベーティブ・インターフェース社の図書館管理の自動化への統合的なサービスプラットフォームであるSierra Services、プロクエスト社のライブラリーサービスプラットフォームである「Intota」、さらに、学術・研究図書館のグループによって図書館資料を管理・提供するために設計されたオープンソースの最初の次世代型図書館システムである「Kuali OLE」などが提供されています。

これらの次世代型図書館システムは、従来型の図書館業務システムと比較して、印刷物とデジタル資料の両方の処理がよりスムーズに行なえるように設計されています。また、従来型の図書館業務システムは、最新の情報技術の成果であるクラウド技術などを導入しにくく、そのような点からも新たな図書館システムが求められてきました。これらの新システムでは、複数図書館の共用が可能、データの集約化、分析機能、余裕と安全性が確保されたデータセンターなどの要素に加えて、新たなデジタル資料の登場などによるワークフローの変更などへの柔軟な対応機能などが期待されています。しかし、これらは、次世代型図書館システムのポジティブな面ですが、実際の図書館は、それぞれ環境や条件が異なりますから、それぞれの図書館にどのように適合しているかの検証が大切になります。これらの新たなシステムは、長年の実績がある従来型の図書館業務システムに比べると、まだ、サービスが開始されてから時間が短く、新たな技術の発展に対応したサービスの追加など、これからも多くの改善が必要とされています。ですから利用者の

表 4-1　代表的な次世代型図書館システム

図書館システム名	Management Services	Alma	Sierra Services Platform	Intota	Kuali OLE
提供機関	OCLC	Ex Libris 社	Interfaces 社	ProQuest 社	Foundation
サービス形態	クラウド	クラウド	SaaS	クラウド	SaaS
対象図書館	公共・大学	大学	公共・大学	公共・大学	大学
主な機能	貸出業務、記述目録、分析・レポート機能、ディスカバリーサービス、ナレッジベースなど幅広い対応が可能。	貸出業務、記述目録、分析・レポート機能、ディスカバリーサービス、ナレッジベースなど幅広い対応が可能。	貸出業務、記述目録、レポート機能、ディスカバリーサービスなど対応が可能。	貸出業務、記述目録、分析・レポート機能、ディスカバリーサービス、ナレッジベースなど幅広い対応が可能。	貸出業務、記述目録など計画中、レポート機能やディスカバリーサービスなど対応が可能。
特徴	クラウドベースの図書館管理統合システム。	次世代図書館管理ソルーションサービス。	図書館管理の自動化への統合的なサービスプラットフォーム。	ライブラリーサービスプラットフォーム。	オープンソースの最初の次世代型図書館システム。
URL	http://www.oclc.org/worldshare-management-services.en.html	http://www.exlibrisgroup.com/category/AlmaOverview	products/sierra	products-services/intota.html	http://www.kuali.org/ole

（文献２３、２４および各社の製品ホームページを参照して作成）

すべての要望が、このシステムで満たされるというような、あまり大きな期待を抱くことは、利用者の逆の反応を招いてしまう可能性があることを、十分考慮に入れて進めることが大切でしょう。

これらの次世代型図書館システムの多くは、各図書館にシステムを導入するパッケージ型から、必要なソフトウェアをクラウドから呼び出して使用するSaaS型クラウドサービスに移行しています[24]。Alma、WMSなどはクラウドサービスのみの提供となっています。

米国などで開発が進む次世代型図書館システムは日本にも導入されることになるのでしょうか。現状では、日本に導入する場合には、ウェブスケールディスカバリの日本語検索対象となる日本語コンテンツの収録状況が、英語コンテンツに比べて十分ではないとの指摘があります[25]。日本語コンテンツの充実は、わが国に導入する際の重要な課題となるでしょう。

わが国でも、クラウドで提供する次世代型の図書館システム「図書館クラウドGPRIME for SaaS」(日本電気)、クラウド型公共図書館業務サービス「WebiLis」(富士通)、オープンソースの統合図書館システム「Next-L Enju」などが開発・提供されています。今後、わが国の図書館業務システムが、米国で発展している次世代型図書館システムなども参考にしながら、わが国の日本語環境なども含めて独自の環境や新たなデジタル資料やデジタルデータなどのサービスにも柔軟に対応できる「次世代型図書館システム」として発展してゆくことを期待したいものです。

1 細野公男「日本における図書館機械化の特徴」『Library and Information Science』一九七六、一四号

2 林豊「最近の図書館システムの基礎知識 —リンクリゾルバ、ディスカバリーサービス、文献管理ツール—」『専門図書館』二〇一四、二六四号

3 Clift, Julie. Next Generation Library Management Systems and Electronic Resource Acquisitions. CAUL International Travelling Fellowship, October 2012. http://www.caul.edu.au/content/upload/files/caul-doc/citf2012report-clift.pdf

4 Bérnard, Raymond. Next Generation Library Systems: New Opportunities and Threats. Bibliothek,Forschung und Praxis 2013. 37(1), 52–58. http://www.degruyter.com/view/j/bfup-2013-37-issue-1/bfp-2013-0008/bfp-2013-0008.pdf0008/bfp-2013-0008.pdf

5 狩野英司・吉田大祐「図書館システムを取り巻く課題と今後の展望 ～「図書館システムに係る現状調査」の結果を踏まえて～」『三菱総合研究所所報』二〇一二、五五号 http://www.mri.co.jp/NEWS/magazine/journal/55/__icsFiles/afieldfile/2012/03/19/jm12031112.pdf

6 日本図書館協会図書館の自由委員会「岡崎市の図書館システムをめぐる事件について 二〇一一年三月四日」 http://www.jla.or.jp/portals/0/html/jiyu/okazaki201103.htm

7 兼宗進「図書館システムとオープンソースの利用」『カレントアウェアネス』二〇〇四、二八一号 http://current.ndl.go.jp/files/ca/ca1529.pdf

8 高久雅生「図書館サービスとオープンソースソフトウェア」『情報の科学と技術』二〇一四、六四巻二号

9 原田隆史「図書館員自身の協同で作る図書館システム仕様：日本発のオープンソース図書館システテ

ム作成を目指して」『カレントアウェアネス』二〇〇七、二九二号　http://current.ndl.go.jp/files/ca/ca1629.pdf

10 Project Next-L ホームページ　http://www.next-l.jp/

11 日本図書館協会「公共図書館 Web サイトのサービス」　http://www.jla.or.jp/link/link/tabid/167/Default.aspx

12 渡邉英理子・香川朋子「図書館におけるナレッジベース活用の拡がりと KBART の役割」『カレントアウェアネス』二〇一二、三一四号　http://current.ndl.go.jp/ca1784（参照 2015.09.30）

13 国立情報学研究所「電子情報資源管理システム（ERMS）実証実験 平成二〇年」　https://www.1212ii.ac.jp/CAT-ILL/about/infocat/pdf/erms_report_h20.pdf

14 ERDB-JP（国内刊行デジタル資料の共有サービス）を公開しました　http://www.nii.ac.jp/content/erdb/2015/04/erdbjp.html

15 *DOI Handbook*　http://www.doi.org/hb.html

16 尾城孝一「CrossRef をめぐる動向」『カレントアウェアネス』二〇〇二、二七五号　http://cuを rrent.ndl.go.jp/ca1481

17 Van de Sompel, Herbert and Beit-Arie, Oren. Open Linking in the Scholarly Information Environment Using the OpenURL Framework. D-Lib Magazine. 2001. 7(3)　http://www.dlib.org/dlib/march01/vandesompel/03vandesompel.html

18 Apps, Ann and MacIntyre, Ross. Why OpenURL? *D-Lib Magazine*. 2006. 12(5)　http://www.dlib.org/

dlib/may06/apps/05apps.html

19　増田豊「OpenURLとS・F・X」『カレントアウェアネス』二〇〇二、二七四号　http://current.ndl.go.jp/ca1482

20　長塚隆「MLAにおけるデジタル情報技術の活用」『図書館・博物館・文書館の連携』日本図書館情報学会研究委員会編、勉誠出版、二〇一〇（シリーズ・図書館情報学のフロンティア10）

21　The Open Library Environment Project　Final Report　October 20, 2009　http://www.kuali.org/sites/default/files/old/OLE_FINAL_Report.pdf

22　林豊「次世代型図書館業務システム主要五製品の特徴とその現状」『カレントアウェアネス-E』二〇一二、二一七号　http://current.ndl.go.jp/e1307

23　Grant, Carl. The Future of Library Systems: Library Services Platforms. Information StandardsQuarterly. 2012, 24(4). http://dx.doi.org/10.3789/isqv24n4.2012

24　Bowers, S. K. and Polak, E. J. 'The Future of Cloud-Based Library Systems.' In K. J. Varnum (Ed.), The Top Technologies Every Librarian Needs to Know: A LITA Guide. American Library Association. 2014. pp. 43-55. http://digitalcommons.wayne.edu/libsp/78

25　飯野勝則「ウェブスケールディスカバリと日本語コンテンツをめぐる諸課題―海外における日本研究の支援を踏まえて」『カレントアウェアネス』二〇一四、三二一号　http://current.ndl.go.jp/ca1827

5章　情報技術の利用にかかわる法律、権利、訴訟

デジタルコンテンツは紙媒体資料に比べて利用が著しく容易です。その結果、従来のような形態での情報入手・利用だけではなく、新たな利用目的・方法が生まれています。データマイニングやテキストマイニングは、その一例です。この二つは多量のデジタル形態のデータやテキストをコンピュータ処理によって分析し、他の方法では得られなかった新たな知見を獲得する手法ということができるでしょう。新しい学問分野であるデジタル人文学で使用される手法の一つとなっています。

現在データマイニングやテキストマイニングが自由に行なえるわけではありません。データやテキストの所有者がその利用に関して新たなルールを設定しているからです。マイニングを行なう場合には別途課金を認めるなどの契約を求める出版社が存在します。

図書館を介して利用されるほとんどのコンテンツは、利用にあたって何らかの制約が前もって技術的に課せられています。それがデジタル著作権管理です。紙媒体の利用ではこのような制約は存在しませんでした。多くの図書館関係者や利用者には目新しいものといえますが、その特徴

を知ることは必要といえましょう。

デジタルコンテンツの作成や紙媒体資料のデジタル化が急速に進みデジタルコンテンツの種類・量が増加するにつれ、デジタルコンテンツの利用とかかわる新たな問題も生じました。また、紙媒体のデジタル化やデジタルアーカイブの作成に伴う問題も存在します。こうした問題の多くは、以前は起きなかった問題なのです。同じ内容のコンテンツであっても紙媒体とデジタル媒体とでは、適用される法律が異なることがよくあります。また、それぞれの国ごとに適用される法律が異なるだけではなく、同じ名称・目的を持つ法律であっても、内容が異なることが普通です。その典型が著作権法で、たとえば日本にはフェアユース（後述）の規定はありませんが、米国では存在するなど、大きく異なります。さらに、それぞれの国でのデジタルコンテンツの利用における権利関係・契約慣習なども異なることが多いといえます。

コンテンツの所有者と図書館や利用者との間に生じるコンテンツ利用に関しては、軋轢だけではなく訴訟も起きています。とくに訴訟社会と揶揄される米国では顕著といえます。したがって、訴訟事件や訴訟と繋がりかねない問題に対する意識を高めることが非常に重要です。幸いなことにわが国では、図書館界や関連業界でのデジタルコンテンツにかかわる訴訟は、これまでのところほとんどないと思われます。しかし、後述しますように、米国などでは大きな訴訟事件が生じています。こうした事件がわが国の図書館活動・サービスにどのような影響を及ぼすかは、定かではありません。また、わが国でも今後訴訟事件が発生するかもしれません。図書館や利用者は、デジタルコンテンツの利用に固有な特徴、権利関係、商慣習、法律などに、十分注意を払う必要があるのです。

1　デジタル著作権管理

デジタル化されたコンテンツは複製しても品質が劣化しないため、デジタルコンテンツを不法に複製して再利用しようとする試みがよくなされます。こうした行為を防止するために、デジタルコンテンツを秘密の符合方式によって記録しておき、特定のソフトウェアあるいはハードウェアでしか再生できないようにする技術が考案されました。この技術は、デジタル著作権管理(Digital Rights Management、DRM)とよばれます。デジタルコンテンツの利用や複製を制御する技術といえます。

デジタル著作権管理は、電子ジャーナルや電子書籍等の管理に広く用いられていますが、この技術を過度に使用すると、デジタルコンテンツの利用に種々の制限が課せられ、コンテンツの適正な流通を妨げることになりかねません。実際、図書館が利用者サービスを行なう際に種々の問題が生じています。電子書籍の貸出しなどに支障をきたした例は、その典型といえます。また、デジタルコンテンツをアーカイブする場合には、契約や手続きの面倒さが問題になるといわれることがあります。

上述した問題は、デジタル著作権管理の運用で生じるものですが、問題はこれだけではありません。適用されているデジタル著作権管理が変化したり、あるいは機能に不具合が生じたりすることもあり得ます。その場合、管理の対象となっていたデジタルコンテンツが永久に利用できなくなる恐れもあるのです。

2　図書館活動・サービスと著作権

図書館における活動や利用者サービスが円滑かつ的確に行なわれるためには、著作権、資料の利用にかかわる契約、商慣習、プライバシーなどだけではなく、その基盤となる著作権法やプライバシー保護とかかわる法律などについても、十分理解し留意しなければなりません。また、こうしたことを踏まえて、情報技術やデジタルコンテンツの利用規定を利用者に遵守させることが求められます。

かつて大学図書館において利用者が利用契約に違反して多量のコンテンツをデータベースからダウンロードしたため、そのデータベースの提供が一時中止された事件がありました。近年、デジタルコンテンツの利用が急激に増大しており、アクセス手段も多様になっています。また、図書館の情報提供サービスにおけるデジタルコンテンツの処理の仕方も多様になっています。さらに3Dプリンターやデジタルカメラのような情報技術を情報提供サービスの一環として導入する動きもあります。その結果、著作権とかかわる問題を含め、いろいろの問題が生じています。図書館は契約、商慣習、関連法規・法律に関する知識を高めて、こうした問題に適切に対応することが求められています。

たとえば、3Dプリンターでは複製元はテキストでも物理的な物でもなくコンピュータファイルですので、プリンターの使用にあたっては、これまでとは異なった角度から著作権の問題を考える必要があります(1)。デジタルカメラの利用に関しても、対応の仕方を考える必要があります。

諸外国では複数の国立図書館等が閲覧室でのデジタルカメラの使用を認めていますが、著作権法等の法令を遵守させるための手続は、カナダ図書館公文書館、ドイツ国立図書館、英国図書館によってさまざまです(2)。わが国でも、デジタルカメラ等で図書館資料を撮影することについての国や関係機関・団体の見解が示されています(3)。

著作物を利用するにあたって常に問題となるのは、著作権者の許諾が必要か否かです。利用者の観点からすれば、許諾に要する手間暇を考えれば、自由にかつ無料で利用できれば、それに越したことはありません。しかし、これは著作権の侵害や著作権者の経済的利益を損ねることにつながりかねません。そこでさまざまな手立てが講じられています。3章で言及しましたクリエイティブ・コモンズ・ライセンスはその一例です。また著作権法にある種の制限を設けて、利用に関する制約を軽減する手立ても存在します。

わが国の著作権法には制限規定があり、一定の条件を満たせば著作権者の許諾を得なくても、

「私的使用のための複製」、「図書館での複製」を行なうことが可能です。一方、米国ではフェアユースの規定があり、これを満たせば著作者の許諾なしに著作物を使用できます。諸外国の中にはフェアユース的規定を導入している国が、増えてきているようです。わが国にはフェアユース規定は存在しませんが、その導入に関する是非の論議がいろいろなされています。

フェアユース

フェアユース（fair use、公正使用）著作物の利用が次の四つの判断要因に照らして公正・妥当とみなせるならば、著者の許諾を得なくても利用できるとする、米国著作権法第一〇七条に盛り込まれた規定です。この場合、著作権者の許諾なく著作物を利用しても、その利用行為は著作権の侵害にあたらないことになります。

①営利目的を持つかあるいは非営利的教育目的かを含む利用の目的と特性
②著作物の性質
③著作物全体に対する利用された部分の量と実質性
④著作物の潜在的な市場または価値に対する利用の影響

一番目の要因とかかわる特徴として、著作物の利用が変形的利用（transformative use）であるか否かがあげられます。変形的利用とは、元の著作物が意図していた目的や方法とは異なる形態での利用を意味し、フェアユースであるための重要な要件となっています。とくにビジネスとして著作物を利用する場合には、変形的利用を心がける必要があります。なお、グーグルが提供する画像検索、グーグルブックスや HathiTrust Digital Library の検索サービスは変形的利用であり、したがってフェアユースであるといわれています(4)。

デジタルアーカイブの作成

近年、紙媒体形態の書籍、地図、文書、手紙などのデジタル化や、それらを対象としたデジタルアーカイブの構築が盛んに行なわれてきました。たとえば、沖縄県立図書館が作成したリンク集からは、複数の公共図書館で貴重書を対象としたデジタルアーカイブが構築されていることがわかります(5)。これは大学図書館においても同様です。なお、著作権の消滅した文学作品や著作権者が利用を許諾した文学作品から構成されている青空文庫(6)は、書籍を対象としたアーカイブということもできますが、利用を保存よりも重視しているようですので、電子図書館といった方がよいでしょう。

デジタル化やデジタルアーカイブの構築にあたっては、著作権やデジタル著作権管理にかかわる問題を解決することが必要です。著作権に関しては、後述しますように、ジョージア州立大学、グーグル、HathiTrust が著作権侵害で訴えられる大きな事件が発生しました。したがって、著作権の処理を適切かつ効果的に行なうことが、デジタル化やデジタルアーカイブの構築にとって最も重要な案件であるといっても過言ではないでしょう。孤児作品の取扱いも著作権の問題とかかわりますので、孤児作品の処理がうまくいくか否かも、重要な課題です。

孤児作品

孤児作品（orphan works）とは、著作権者が不明な作品、つまりどんなに探しても著作権者がみつからない作品のことです。孤児作品の数は意外に多く、世の中に存在する資料・書籍の五〇％以上は孤児作品とのコメントもあります(7)。孤児作品の特徴からそのデジタル化は、必然的に著作権者の許諾なしに行なうことになりますので、もし突然著作権者が現われたならば、著作権侵害で訴えられる可能性が出てきます。こうした恐れからデジタル化を躊躇することは当然ありますが、これは、貴重な資料の利用機会を減らすことに繋がりかねません。

わが国では「私的利用のための複製」、「図書館での複製」など著作権制限事項に該当すると認定される場合、また米国ではフェアユースと認定される場合を除き、著作物のデジタル化には著作権者の許諾が必要です。しかし、孤児作品のデジタル化の場合は著作権者が不明ですので、許諾を得ることができません。こうした事態を解決するには、著作権者を探し出すために最善を尽くすことと、孤児作品であると認められた作品の利用ルールを策定することの二つが、必要です。

この二つは、孤児作品のデジタル化にあたっての著作権にかかわる問題の処理方法ですが、実際の取組み方にはお国柄が表われます。わが国では裁定制度があります。権利者の許諾を得る代わりに文化庁長官の裁定を受け、通常の使用料の額に相当する補償金を供託することにより、適法に資料を利用できるのが本制度です(8)。このような特徴を持つ制度は、強制許諾制度とよばれます。

米国では著作権局が二〇一五年六月四日に *Orphan Works and Mass Digitization: A Report of the Register of Copyrights* を公開しました。この報告書ではフェアユースと対立しない「有限責任」(limited liability) モデルとして、以下のような提案がなされています(9)。

・入念な調査 (diligent search) を行なったにもかかわらず、著作権者が判明しなかったことを証明した利用者に対して、損害賠償に制限を設ける。

・著作権調査のための環境整備を行ない、著作権者が見つかった際の合理的な補償や差止め請求の枠組みを設ける。

・著作権侵害が判明した際にすぐに利用を中止するという条件下では、非営利、教育的、宗教的、または慈善目的をもつ、教育機関、博物館、図書館、公文書館、または公共放送は、過去の使用のための損害賠償を支払うことを避けることができる。また、利用を中止しない場合には、補償について著作権者と交渉することも可能である。

英国でも孤児作品の処理に関する取組みがなされていて、孤児作品に関するライセンス・スキームが導入されています(10)。このライセンス・スキームの拠り所となる規則は二つあります。一つは、英国内のみで適用される孤児作品の利用許諾の枠組み (英国内ライセンス・スキーム) を定めたものであり、二つ目はＥＵ指令を適用するために必要な枠組みを定めたものです。英国内ライセンスを付与する権限は、知的財産局（Intellectual Property Office）長官にあります。したがって、このライセンス・スキームは強制許諾制度の一種であり、日本の裁定制度に類似しているといえます（10）。

知的財産局が徴収するライセンス料は、所在不明であった著作権者が現れた場合のために知的財産局によって保管されます。そしてライセンス付与後に名乗り出た著作権者は、自己の著作物に対する権利を回復し、ライセンス料として確保されていた報酬金を請求することができます（10）。

3　コンテンツの利用にかかわる権利

忘れられる権利

グーグルで代表される検索エンジンは、インターネット上で利用者が求めているウェブページにアクセスするための入口としての役割を果たしています。そして個人名での検索による検索結果は、その個人に関するデータを世間にさらけだすことになるので、その人物へ与える影響は大きいといえます。とくにその人物の負の側面を示すものであればなおさらです。そのため近年検索エンジン事業者に対して、検索結果からの個人情報の削除を要求するという「忘れられる権利」（the right to be forgotten）が、大きな話題となっています。

事の発端は、あるスペイン在住者が自分の不動産競売に関する一九九八年の新聞記事へグーグルの検索結果がリンクされていることについて、二〇一〇年に新聞社には当該記事の削除を、グーグルには検索結果の非表示を求めて、スペイン情報保護局に申し立てを行なったことです(11)。スペイン情報保護局は、新聞社への請求は退けましたが、グーグルに対する請求は認めました。

その結果グーグルは、二〇一四年六月からEUドメインのURLの削除作業を開始しました。マイクロソフト社もこの動きに追従し，検索エンジンBING に関して同様の対応を行なっています。また、ヤフー・ジャパンにおいても、検索結果に表示すべきか削除すべきかに関する判断に影響するさまざまな要因を検討する「検索結果とプライバシーに関する有識者会議」を、二〇一四年一一月に設置しました(12)。一人のスペイン人の問題提起が、世界的な規模でプライバシー保護の新たな側面をもたらしたのですが、インターネットが我々の行動規範に大きな影響を及ぼしていることも示しています。

公貸権

公共図書館においては、紙媒体の書籍・雑誌等が館の内外を問わず利用者に無料で貸出されています。しかし、このサービスには、著者等著作権者の経済的利益を損なう面があることも事実です。そのため、著作権者から利用に応じて対価を払うようにとの要求が出てくることは当然あり得ます。このような要求を権利として認めたのが公貸権（公共貸与権、Public Lending Right)

です。つまり公貸権は、公共図書館での著作物の貸出しに対して、その対価を受取る著作権者の権利を意味します。公貸権は、わが国や米国では認められていませんが、北欧諸国や英国などヨーロッパでは広く導入されています。またカナダやオーストラリアでも認められています。

これまで公貸権は、紙媒体資料を対象にしてきましたが、電子書籍貸出しサービスが盛んになると、この権利がデジタル著作物にも適用されるのか否かが、新たな問題として浮上します。たとえば、英国では「二〇一〇年デジタル経済法」(Digital Economy Act 2010)(13)の制定によって、公貸権の対象が電子書籍にまで拡張されることになりました。しかし、現実には実施されるまでには至りませんでした。そして、二〇一三年七月九日には同国のバイジィ文化相が、英国著作家協会(The Society of Authors)に対して、公共図書館による電子書籍とオーディオブックの貸出しを公貸権の枠組みの中に位置づけること、および二〇一四年七月からこの制度を試験的に開始することを述べています(14)。

4　コンテンツの利用にかかわる訴訟

デジタルコンテンツを利用者に提供する行為がコンテンツの所有者との間で軋轢をもたらし、著作権を侵害したとして訴訟にまで発展した例があります。訴訟の中にはジョージア州立大学の例のように、その影響が比較的限定的な場合もありますが、グーグルブックス訴訟やHathiTrust

訴訟のように、デジタル化の活動そのものに多大な影響を及ぼすものもあります。

こうした訴訟の中には途中で和解が成立した事件もありますが、図書館にとって不利な判決が出されることもありました。最終的にどのような決着をみるかによって、図書館サービスや情報提供サービスが、大きく影響されることになります。また、裁判が長引くことによる問題も無視できません。さらに訴訟を恐れて新しい活動・サービスの開始を躊躇することも考えられます。米国のようにすべて裁判で決着させようとするアプローチは、百害あって一利なしです。

ジョージア州立大学の電子リザーブサービスに対する訴訟

オックスフォード大学出版局、ケンブリッジ大学出版局、ＳＡＧＥ社の三出版社は、米国のジョージア州立大学が学生向けに作成したデジタル教材とそれを提供するための電子リザーブ(E-Reserves)システムが著作権を侵害しているとして、二〇〇八年にアトランタの連邦地方裁判所に提訴しました。この提訴の目的は、ジョージア州立大学図書館等が行なっている電子リザーブサービスを差止めることにありました(15)。同じような電子リザーブシステムは米国の他の大学でも運用されていますので、裁判結果は大学での教育・学習活動に大きな影響を及ぼすことになります(16)。また、出版社のビジネスのあり方にも一石を投じることになるでしょう。
Library Journal 誌の記事では、この種の訴訟は初めてでしたが、それまでにもカリフォルニア大学サンディエゴ校やコーネル大学などで似たような事態が生じる恐れがあったこと、出版社のねらいがデジタル教材の配布に課金するモデルを司法的に強要すること、機関リポジトリやオープンアクセスの必要性が積極的に論議されるようになり得ることが、言及されています[15]。また、米国図書館協会、北米研究図書館協会（ＡＲＬ）、大学・研究図書館協会（ＡＣＲＬ）から構成されるLibrary Copyright Alliance（ＬＣＡ）は、ジョージア州立大学を支持する法廷助言書を二〇一三年四月二五日に裁判所に提出しています[17]。

この訴訟のポイントは、ジョージア州立大学の電子リザーブサービスが、米国での著作権制限事項であるフェアユースとして認められるか否かにあります。二〇一二年八月一〇日当該地方裁判所は、原告による差止め請求を棄却するという最終決定を行ないました[18]。しかし原告出版社はそれを不服として、二〇一二年九月一〇日連邦第一一巡回区控訴裁判所に上訴しました[19]。そして二〇一四年一〇月一七日控訴裁判所は、ジョージア州立大学の電子リザーブサービスは、フェアユースの四つの要因を満たしているとは言い難いためこのサービスはフェアユースではなく、したがって当該大学が著作権で保護された原告の資料を費用負担なしに利用することは不当であるとして、地方裁判所の判決を破棄し差戻しました[20]。ジョージア州立大学は、今後の方針・戦略を立案することが必要になったといえます。

控訴裁判所の裁定に関して、米国図書館協会と大学・研究図書館協会[21]および北米研究図書館協会[22]から声明やコメントが出されています。このうち北米研究図書館協会のコメントは、控訴裁判所での判決の理由とそれがもたらす意味についてまとめたもので、フェアユースの判断にあたって、大学図書館等におけるフェアユースの基準 *Code of Best Practices in Fair Use for Academic and Research Libraries* が、どのように活用できるかを示すものです(22)。

グーグルブックス訴訟

グーグルブックス(Google Books)は、大学図書館や公共図書館が所蔵する紙媒体書籍をスキャンして得られたデジタルコンテンツのデータベースを、インターネット環境で検索・閲覧に供するサービスです。デジタルコンテンツの全文を対象に検索を行なうことができ、検索して得られたコンテンツの内容の一部あるいは全ページが、無料で表示されます。全ページが表示されるのは著作権の切れた書籍の場合で、著作権保護期間中の書籍は、コンテンツの一部がプレビューで表示されます。

米国作家協会と出版社協会は、二〇〇五年九月二〇日グーグルブックスが行なっているデジタルスキャンやスニペット[注]の提供が著作権の侵害であるとして、連邦地裁に提訴しました。これに対してグーグルは、たとえばスニペットは紙媒体書籍を同定するための目録カードに相当するものであり、フェアユースと認められると反論しました。

二〇〇八年一〇月二八日原告とグーグルとの間で和解が成立しましたが、本訴訟は集団訴訟(クラスアクション)のかたちをとっているため、和解案の中で示された一定の金額を著作権者に支払う案の効力が、ベルヌ条約加盟国で刊行された書籍の著作権者にまで及ぶことになりました。

このため、和解案によってグーグルが他の競争者よりも圧倒的に有利な立場になるなどの危惧をはじめとして、米国内だけでなく日本、ドイツ、フランスなどによっても、さまざまな角度から激しい批判を浴びました。

わが国では、著作者、日本文藝家協会、出版流通対策協議会、日本ペンクラブ、日本ビジュアル著作権協会が反応し、また行政レベルでもこの問題が取上げられました(23)。とくに日本ペンクラブは、この和解案がわが国に及ぼす影響として、日本の著作物の権利保護の問題、日本国内の出版商慣行の無視、情報流通独占などを指摘し、二〇〇九年九月八日に異議申立てを米国ニューヨーク連邦地裁に提出しています(24)。また修正改定案に関しても、積極的に意見を述べました。

この一連の動きは、他国の法的問題がわが国に及ぶことがあり、情報流通に関するわが国固有の文化、慣習、方針・アプローチを侵害しかねない恐れがあることを示しています。情報流通には国境はないのですから、他国で生じた問題を対岸の火事と思わず、積極的に関心を持つことが必要です。

さまざまな批判を受けて二〇〇九年一一月に和解案の修正が行なわれました。しかし、二〇一一年三月二二日に地裁判事がこの修正和解案を却下したため、裁判が継続することになりました。そして二〇一三年一一月一四日地裁判事は、米国作家協会と出版社協会から出された本訴訟を却下しました(25)。グーグルのフェアユースの主張が認められたのです。

しかし原告側は、グーグルブックスがフェアユースであることに異議を唱えて、連邦第二巡回区控訴裁判所に二〇一四年四月一一日に上訴しました。また、米国作曲家作詞家出版社協会と同じような非営利の組織を作るよう、米国議会に働きかけていくとのことです(26)。

注　スニペット　　検索結果として示される検索語を含むコンテンツの抜粋あるいは簡単な説明文

HathiTrust 訴訟

HathiTrust は、ミシガン大、シカゴ大等の研究図書館が所蔵する蔵書のデジタルコンテンツを共同で長期保存しつつ、また将来にわたって利用に供することを目的として、二〇〇八年一〇月に設立されたリポジトリです。現在一〇〇機関以上が参加館となっています。その使命は、知的遺産である書籍をデジタル形式で協同して収集・組織・保存・提供・共有することによって、研究・学術・公益に貢献することです(27)。

設立当初はグーグルブックスでデジタル化されたHathiTrust参加館のコンテンツを対象としたアーカイブとして機能してきましたが、その後インターネット・アーカイブのコンテンツや個々の大学図書館が所蔵するデジタルコンテンツも含むようになりました。

米国作家協会等は、HathiTrust とこれに参加していた大学図書館五館(コーネル大学、ミシガン大学、カリフォルニア大学、ウィスコンシン大学、インディアナ大学)に対して、二〇一一年九月一二日に著作権侵害の訴訟を起こしました。争点になったのは、HathiTrust における①全てのデジタル複製物の公衆へのフルテキスト検索サービス、②印刷物の読書が困難な利用者に対するアクセスの容易化（ソフトウェアによる読上げ、本文の拡大）、③参加図書館が一定の図書等（所蔵図書等、喪失・盗難等された図書等、代替物の購入が公正な価格では困難な図書等）について作成したデジタル複製物の利用者への提供の三つのサービスが、フェアユースに当たるのか否かというものでありました(28)。また、ミシガン大学が実施していた「孤児著作物候補リスト」に挙げた著作物を一定の周知期間後に学内で利用可能にする、孤児著作物プロジェクトによる利用が著作権法で認められるのかどうかも、問題になりました(28)。

二〇一二年一〇月に第一審のニューヨーク南部地区連邦地方裁判所が出した判決では、HathiTrustの三つのサービスによるデジタルコンテンツの使用は、変形的（transformative）な使用であり、知識の進歩に計り知れないほどの貢献をしているなどとして、フェアユースに当たると認めました。一方、孤児著作物プロジェクトについては、判断するにはまだ機が熟していないとしました(28)。

これに対して米国作家協会等は上訴し、二〇一四年六月一〇日に第二審の連邦第二巡回区控訴裁判所は、次のように裁定しました(28)。

・フルテキスト検索サービスと印刷物の読書が困難な利用者に対するサービスにおける使用については、フェアユースの四つの要素を考慮した結果、著作権侵害に当たらない。
・参加図書館の利用者に対するデジタル複製物の提供については、代替物を公正な価格で入手できない可能性、参加図書館が所蔵図書等を喪失又は破損することにより他の参加図書館が複製する可能性などに関して、第一審裁判所がフェアユースに当たるかどうかの審理を尽くしていないので、同裁判所の判断を取消して差戻す。

・孤児著作物プロジェクトについて裁判で判断するには機が熟していない。

ニューヨーク南部地区連邦地方裁判所は、米国作家協会等とHathiTrust等との間の著作権侵害の訴訟における争点の一つであった、三種類の図書（所蔵図書、喪失・盗難とされた図書、代替物の購入が公正な価格では困難な図書）を対象に作成されたデジタル複製物の利用者への提供に関して、二〇一五年一月六日米国作家協会側とHathiTrust側とで合意がなされたとの決定を行ないました(29)。その結果、他の二つのサービスを含めHathiTrustの三つのサービスは、いずれも基本的には著作権侵害にはならないと判断されたことになると思われます。

1 Weinberg, Michael. 3 steps for licensing your 3D printed stuff. March 2015. p.2.https://www.publicknowledge.org/assets/uploads/documents/3_Steps_for_Licensing_Your_3D_Printed_Stuff.pdf

2 奥村牧人「諸外国の国立図書館におけるセルフ撮影サービスの導入動向」『カレントアウェアネス‐E』二〇一五、二七八号　http://current.ndl.go.jp/e1661

3 鑓水三千男「動向レビュー：図書館はデジタルカメラによる複写希望にどう対応すべきか」『カレントアウェアネス』二〇一二、三一二号　http://current.ndl.go.jp/ca1770

4 The Center for Media & Social Impact. Statement of best practices in fair use of collections containing

orphan works for libraries, Archives, and other memory institutions. p.19.http://www.cmsimpact.org/sites/default/files/documents/orphanworks-dec14.pdf

5 沖縄県立図書館「貴重資料デジタル書庫 リンク集」 http://archive.library.pref.okinawa.jp/?page_id=9251

6 青空文庫　http://www.aozora.gr.jp/

7 福井健策「そろそろ本気で「孤児作品」問題を考えよう」『INTERNET Watch』 http://internet.watch.impress.co.jp/docs/special/fukui/20130312_591351.html

8 文化庁「著作権者不明等の場合の裁定制度」 http://www.bunka.go.jp/seisaku/chosakuken/seidokaisetsu/chosakukensha_fumei/

9 松永しのぶ「米国著作権局による孤児著作物と大規模デジタル化の報告書」『カレントアウェアネス-E』二〇一五、二八六号　http://current.ndl.go.jp/e1699

10 齋藤千尋「英国における孤児著作物に関する新ライセンス・スキーム」『カレントアウェアネス-E』二〇一五、二七五号　http://current.ndl.go.jp/e1648

11 今岡直子「「忘れられる権利」をめぐる動向」『調査と情報』二〇一五　http://dl.ndl.go.jp/view/download/digidepo_9055526_po_0854.pdf?contentNo=1

12 Yahoo!JAPAN「検索結果とプライバシーに関する有識者会議」二〇一四　http://publicpolicy.yahoo.co.jp/2014/11/0717.html

13 カオリ・リチャーズ「動向レビュー：英国における公貸権制度の最新動向　「デジタル経済法

二〇一〇」との関連で」『カレントアウェアネス』二〇一一、三〇九号　http://current.ndl.go.jp/ca1754

14 「英バイジィ文化相、公共図書館における電子書籍等貸出を公貸権の対象にすることを英国著作家協会に通知」『カレントアウェアネス』posted 2013.7.19　http://current.ndl.go.jp/node/23965

15 Albanese, Andrew. Georgia State Sued Over E-Reserves, *Library Journal*, May 5, 2008.　http://lj.libraryjournal.com/2008/05/ljarchives/georgia-state-sued-over-e-reserves/

16 Publishers Sue Georgia State on Digital Reading Matter, *The New York Times*, April 16, 2008 http://www.nytimes.com/2008/04/16/technology/16school.html?_r=0

17 「米ジョージア州立大学図書館の電子リザーブ訴訟、ＬＣＡが法廷助言書を提出」『カレントアウェアネス』posted 2013.4.30.　http://current.ndl.go.jp/node/23422

18 GSU wins copyright case. *Georgia State University News*, (News Archives 2012 August) http://news.gsu.edu/2012/08/13/georgia-state-university-wins-copyright-case/

19 GSU Ereserves Plaintiffs File Appeal, *Library Journal*, September 10, 2012　http://lj.libraryjournal.com/2012/09/copyright/gsu-ereserves-plaintiffs-file-appeal/

20 IN THE UNITED STATES COURT OF APPEALS FOR THE ELEVENTH CIRCUIT .Nos. 12-14676 & 12-15147. D.C. Docket No. 1:08-cv-01425-ODE. p.112.　http://media.call.uscourt.gov/opinions.pub/files/201214676.pdf

21 American Library Association. ALA and ACRL respond to Eleventh Circuit Court's encouraging "fair use"

decision in Georgia State University case.　http://www.ala.org/news/press-releases/2014/10/ala-and-acrl-respond-eleventh-circuit-court-s-　encouraging-fair-use-decision

22 「北米研究図書館協会（ＡＲＬ）、米ジョージア州立大学図書館の電子リザーブ訴訟に関し、フェアユースの考え方についてコメントを公開」『カレントアウェアネス』posted 2014.11.12　http://current.ndl.go.jp/node/27419

23 坂本博「グーグル和解問題と国際的著作権保護」『レファレンス』二〇一〇、六月号　http://www.ndl.go.jp/jp/diet/publication/refer/pdf/071301.pdf

24 日本ペンクラブ「Google 社との図書館プロジェクト（グーグルブック検索サービス）に関わる事項についての話し合い開始について」　http://www.japanpen.or.jp/news/cat90/google.htm

25 鈴木英子「「Google Books」を巡る係争で Google が勝利、フェアユースの主張が認められる」『ITpro』二〇一三・一一・一五　http://itpro.nikkeibp.co.jp/article/NEWS/20131115/518222/

26 Authors Guild, Inc. v. Google, Inc.　https://en.m.wikipedia.org/wiki/Authors_Guild,_Inc._v._Google,_Inc.

27 Welcome to the Shared Digital Future. HathiTrust.　https://www.hathitrust.org/about

28 「HathiTrust 訴訟、第二審でフェアユースが一部認められる」『カレントアウェアネス』二〇一四、二六三号　http://current.ndl.go.jp/e1586

29 「HathiTrust 訴訟、合意がなされる」『カレントアウェアネス』posted 2015.1.14　http://current.ndl.go.jp/node/27786

6章　情報技術の動向と新たな動き ― 大学図書館

二一世紀に入ってからのインターネット回線の高速化とウェブ環境の急速な広がりが、社会の情報利用の在り方を大きく変えてきたことは、前章まで見てきたとおりです。ウェブは二〇〇四年ごろからウェブ2・0と呼ばれるようになりました。ウェブ2・0は、それまで提示されるだけの静的なウェブであったものが、提供者と利用者が情報を交換できる双方向的な動的なウェブである次世代のウェブを示すものとして広く使われました。図書館に関係する多くのサービスが、次世代のウェブであるウェブ2・0の進展と前後して、ウェブ上で提供されるように大きく変化してきました。

二〇〇〇年代に入ると、大学図書館で扱う資料、特に、学術雑誌のデジタル化が進展し、インターネットを通じて電子ジャーナル、あるいはオンラインジャーナルとして提供されるようになり、図書館は、紙の資料だけでなく、デジタル資料への対応を迫られるようになりました。このことは、図書館の業務や利用者へのサービスの在り方に大きな変更を迫るものでもありました。この学生にモバイル端末であるスマートフォンが普及する環境が大学図書館のサービスにどのような影響を与えているのか、また、大学図書館はこのような情報技術の発展にどのように対応し、利用者である学生や教員にどのような新たなサービスを提供し、あるいは提供しようとしているのかについて、考えてみましょう。

1　インフォメーション・コモンズからラーニング・コモンズへ

パソコンが普及し始める中で、一九九〇年代に米国の大学図書館では、図書館内にパソコンを設置するスペースを作り、学生が利用できる環境を新たに作っていきました。この当時は、パソコンを使用してオンライン目録やデータベース検索などを利用したり、レポートの作成に使用することが多かったためインフォメーション・コモンズと呼ばれることが多かったようです。その後、大学図書館として、パソコンなどの情報機器の利用環境を整備するだけでなく、学生がグループで議論したり、共同作業をしたりできるグループ学習の環境を整備し、学習を支援する環境を整備するようになり、そのような新たな学習スペースはラーニング・コモンズと呼ばれることが多くなりました。米国では、ナレッジ・コモンズやアカデミック・コモンズなどとも呼ばれていますが、わが国ではラーニング・コモンズの名称が定着し、多くの大学図書館で導入されるようになりました(1)。ラーニング・コモンズは、図書館サービス、情報技術、レポート作成技術などを総合して利用者である学生に提供できる場としてとらえられています。ですから、ラーニング・コモンズは、単に空間や情報機器の設備だけでなく、学生の主体的な学習を支援する人的な体制の整備も大切な要素として考えられています。学生の学習へのアドバイスを提供できるような人的な支援体制があって初めて、ラーニング・コモンズが、学生が共同学習や議論などを通じて成長するための、真に活動的な場になると考えられています。

文部科学省がまとめた「大学図書館における先進的な取り組みの実践例」の中から、いくつかの事例を紹介しましょう(2、3)。

医学・歯学・薬学・栄養学分野の生命科学系の専門図書館である徳島大学附属図書館蔵本分館では、二〇一二年にラーニング・コモンズを設置し、グループ学習室も増設し、情報機器を整備しました。生命科学系の教育研究分野では、X線画像などの画像情報の活用が大切ですので、学生や教員のタブレット端末に保存されている情報をグループ学習室に設置したタッチディスプレイへ表示し、学生間で情報を共有し、グループで検討ができるようにしています。グループ学習室にはそのための機器を設置し無線LAN環境を整備しています。

山口大学図書館では、学生のキャリア形成や上級生が下級生にアドバイスしたりするピアサポートなどを新たな図書館サービスとして開始し、学生と図書館員の協働事業に積極的に取り組んでいるとのことです。また、二〇一四年からは総合図書館内に学生が運営するカフェを設置し、学生が図書館で長時間にわたる学習をしやすくするなどの取り組みをしているとのことです。

新潟大学中央図書館では、二〇一三年の増改修にあたって、①ラーニング・コモンズ機能、②

アーカイブ機能、③インフォメーションラウンジ機能の強化・拡充などを目標にしました。これらの目標を達成するために、五〇万冊収蔵の自動化書庫を導入することで、開放的な学習空間を確保しラーニング・コモンズや、学生や教職員の交流や大学の情報発信を目的としたインフォメーションラウンジ等を整備しています。これらの施設を活用し、学生の自立的学習の支援、英語運用能力の向上、初修外国語教育システムを整備したりしています。特に、外国語学習支援スペースを設けて、学生が自発的に語学学習に取り組めるような環境を整備しています。これらの取り組みにより、中央図書館の入館者が増改修前と比べ一・八倍に増え、ラーニング・コモンズなど学生の自習を促す図書館の取り組みが効果を上げていると紹介しています。

青山学院大学図書館と青山学院女子短期大学図書館では、協同して、図書館で利用できるデータベースを学生にもっと活用してもらえるように、二〇一二年に図書館主催で「情報の探索と表現」コンテストを開催しました。これは、学生の情報探索とレポート作成能力の向上を図書館として支援する企画になっていますし、大学教育の中でも重要になっている情報リテラシー教育の一環として、学生が執筆した記事を評価するコンテストともいえます。図書館では、これらの企画を通じて、学習を直接的に支援することで、学生が著作権への理解を深め、レポートの書き方を身に付けることを期待していました。

お茶の水女子大学図書館は、わが国でラーニング・コモンズに積極的に取り組んでいる大学図書館としてよく知られています。お茶の水女子大学では学生の交流や共同学習のため図書館内にキャリアカフェを設置しています。キャリアカフェは、学生の就業を支援するため、学内の他の部であるキャリア支援センターとの共同で運営されているとのことです。ラーニング・コモンズに設置されたパソコンの管理やラーニングアドバイザーとして常駐する大学院生は、情報基盤センターの協力をえながら学生への支援を行なっているとのことです。今後は、教員との連携を強めていくことや学生が創意工夫を発揮する雰囲気を高めることが課題であるとしています。

このように、先進的な大学図書館では、学生の主体的な学習の場としてのラーニング・コモンズの場を設定することに留まらず、学生の学習を支援するための多様な取り組みを実施していることが分かります。大学図書館の役割が大きく変化する中で、このような、大学図書館の新たな取り組みは大いに期待されます。

2　機関リポジトリ

大学図書館で扱う資料、特に、理系の学術雑誌が二〇〇〇年代に入ると、デジタル化が進展し、インターネットを通じて電子ジャーナルあるいはオンラインジャーナルとして提供されるようになってきました。医歯薬学系あるいは理工・農学系の大学図書館にとっては、紙媒体の雑誌の購入を継続するかどうかも含めて、図書館の限られた予算の中で、利用者に「電子ジャーナル」をどのように提供してゆけばよいのか、図書館と雑誌出版者との間で交渉や検討が行なわれてきました。このような場合に、各大学図書館が単独で検討や交渉をするだけでなく、インターネットが普及したネットワーク時代においては、大学図書館が共同して行動するためにコンソーシアムを形成することで、新たな変化に対応しようとする動きも進展しました。

また、国の大学共同利用機関である国立情報学研究所は、各大学が自機関に所属する教員などの研究成果物である論文や単行本あるいは学位論文や研究データなどを電子的形態で集積し、保存し、無料で公開するために設置する電子アーカイブシステム「学術機関リポジトリ」システムを構築し、運用することを支援してきました。現在では、多くの大学で、各大学の図書館が中心になって、大学ごとに機関リポジトリが構築されています。

国立情報学研究所では各大学で構築した機関リポジトリごとに、利用者が検索をして情報を探索する煩雑さを軽減するために、それぞれの大学の機関リポジトリからメタデータを収集して、まとめて検索が可能な横断検索システムＪＡＩＲＯ（ジャイロ）を提供しています。ちなみに、ＪＡＩＲＯには、二〇一五年一一月現在で、五〇二機関（内大学・短大で四五五）が参加し、コンテンツの収録件数は二二四万件を超えています。コンテンツのメタデータだけでなく、コンテンツ本体の収録数は、表6-1にあるように、一六〇万件を超えています。急速に、多くの大学等で、所属する教員などの研究成果物を収録した機関リポジトリが、日本の大学に広まっていることがわかります。

大学などの学術機関リポジトリに収録されているコンテンツとしては、表6-1のように、大

表 6-1　機関リポジトリに収録されている資料の種類と数量

資料の種類	資料数（%）
Journal Article（学術雑誌論文）	244,902 (15.2%)
Thesis or Dissertation（学位論文）	76,433 (4.7%)
Departmental Bulletin Paper（紀要論文）	868,532 (53.9%)
Conference Paper（会議発表論文）	29,665 (1.8%)
Presentation（会議発表用資料）	6,565 (0.4%)
Book（図書）	20,515 (1.3%)
Technical Report（テクニカルレポート）	29,173 (1.8%)
Research Paper（研究報告書）	35,826 (2.2%)
Article（一般雑誌記事）	50,689 (3.1%)
Preprint（プレプリント）	393 (0.0%)
Learning Material（教材）	4,150 (0.3%)
Data or Dataset（データ・データベース）	52,448 (3.3%)
Software（ソフトウェア）	29 (0.0%)
Others（その他）	192,807 (12.0%)
合計	1,612,127

（IRDB コンテンツ分析より：2015 年 9 月時点のデータ）

学などで発行されている紀要論文が全体の五四％と半数以上を占めて最も多くなっています。次は、学術雑誌論文で一五％となっています。学位論文は、現在は四％強ですが、電子版を各大学で公開することが義務化されましたので、今後はさらに増加するでしょう。近年、注目されている研究データの公開ですが、現状では三％と多くありません。今後、さらに多くのデジタル資料や研究データなどが機関リポジトリに収録されることが期待されます。

各機関リポジトリのコンテンツのメタデータを収集した横断検索システムJAIROで、収録資料へのアクセス数をみると、紀要論文へのアクセス数が最も多く、続いて、学術雑誌論文、学位論文の順となっており、全体の収録件数とも対応しているようです（図6-1）。

国立情報学研究所では、二〇一二年から機関リポジトリの共用リポジトリサービスとしてJAIRO Cloudを提供しています（図6-2）。従来は、各大学で機関リポジトリのサーバーを用意し、運用する必要がありましたが、新規に機関リポジトリサービスを開始しようとする中小規模の大学は国立情報学研究所で開発した機関リポジトリソフトウェアWEKOをベースにして構築されたクラウドシステム環境を利用できるようになりました。このことで、新規に開始する大学は、サーバー設置等のシステムの用意は必要なくなり、機関リポジトリに登録するためのデジタル資料の収集や登録作業に集中できるようになりました。

JAIRO Cloudが開始されたことで、わが国の機関リポジトリ数は、約五〇〇機関と急速に増加しています。そのうちの約三〇〇機関はJAIRO Cloudのクラウドサービスを利用してのものになっています。JAIRO Cloudに搭載された資料も、図6-2のように、利用者は機関リポジトリの横断検索JAIROで、JAIRO Cloud以外の機関リポジトリのサイトと併せて一括で検索できるようになっています。ソフトウェアやハードウェアの管理は、国立情報学研究所が引き受けていますので、各大学はコンテンツの登録や登録画面などを管理するだけでよくなり機関リポジトリを導入する大学の負担は軽減されました。今後、各図書館における各種のサービスは、JAIRO Cloudのようなクラウドサービスの基盤の上で展開されるものが増えてゆくでしょう。

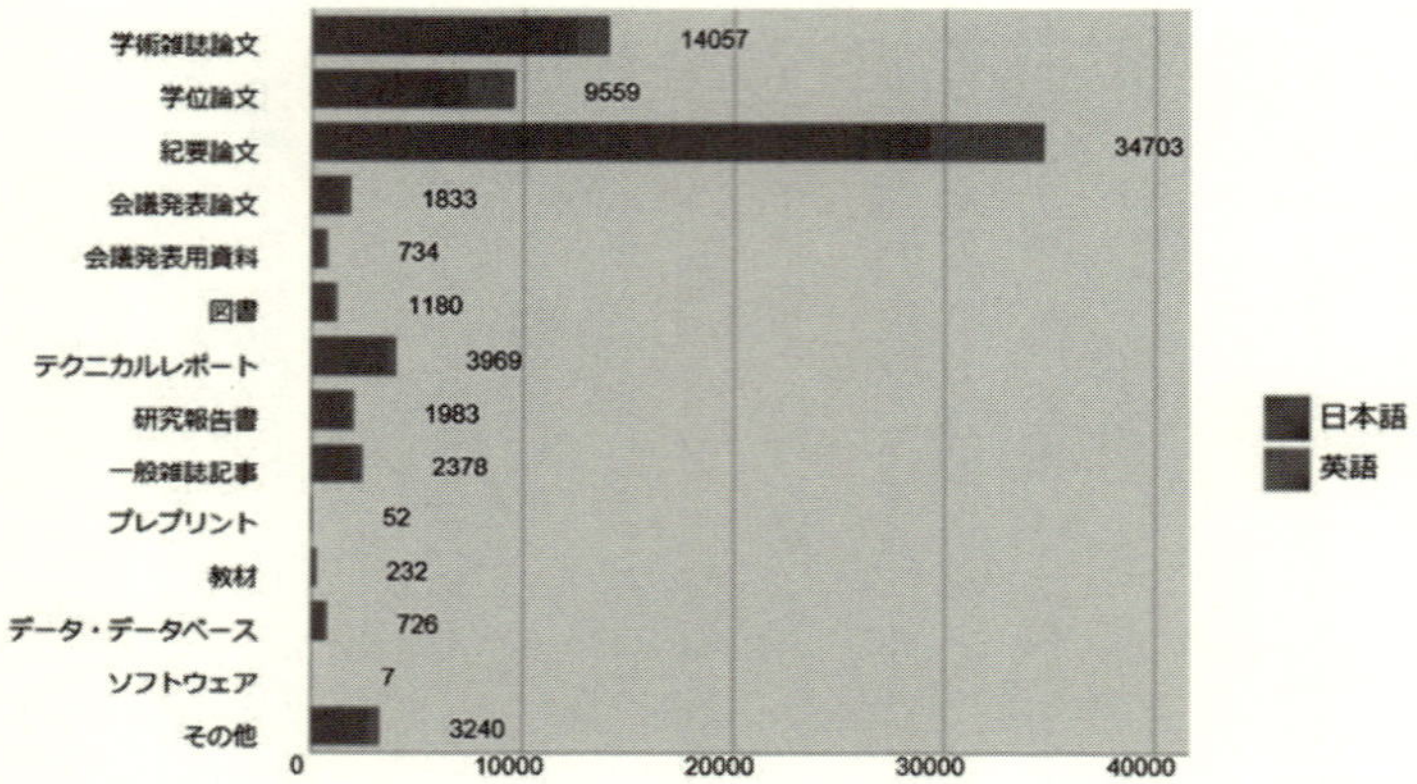

図 6-1　JAIRO 収録資料へのアクセス数
（JAIRO 利用統計より：2015 年 9 月分のデータ）

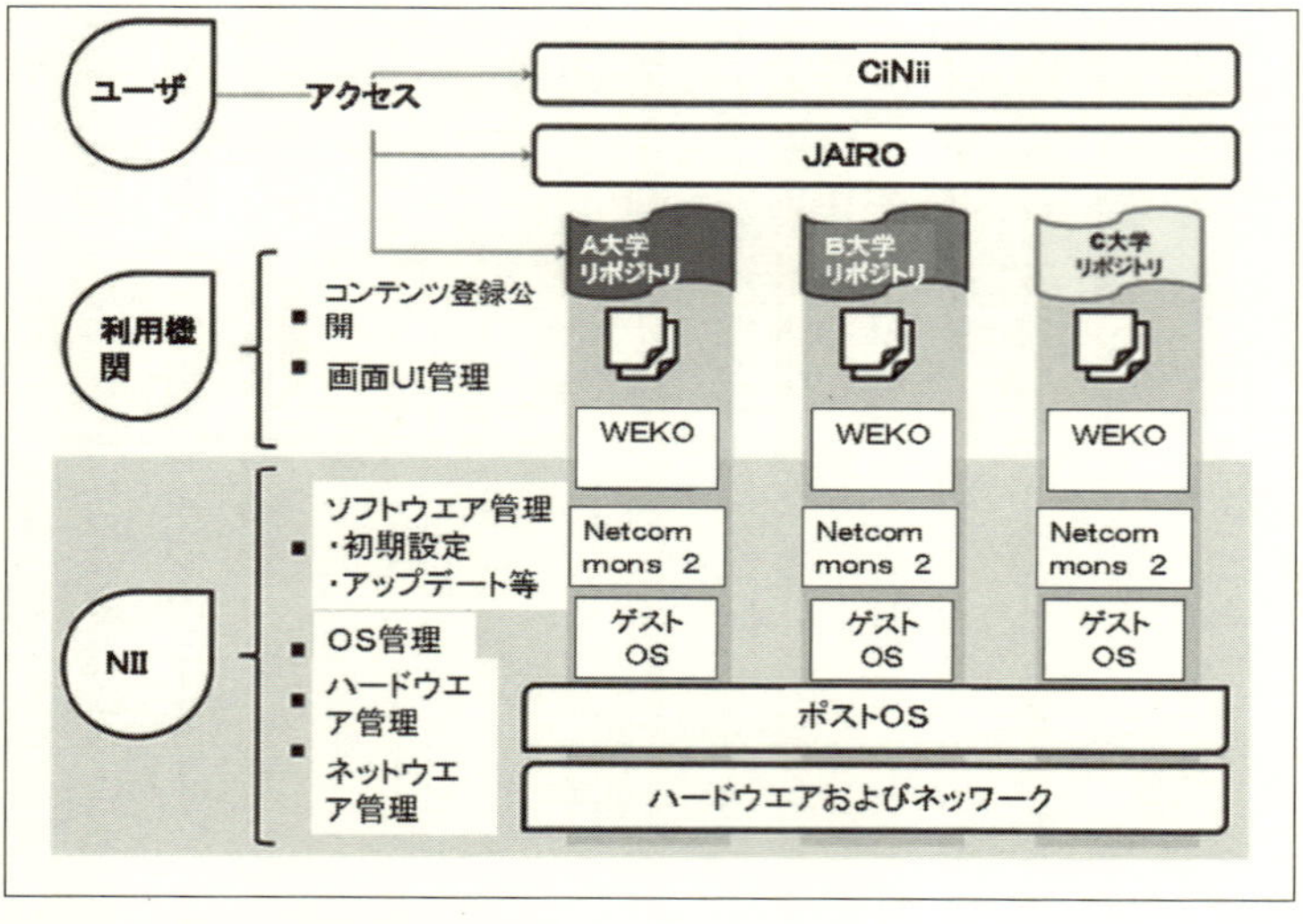

図 6-2　JAIRO Cloud の構成図
（ JAIRO Cloud（共用リポジトリサービス）より作成）

3　ディスカバリーサービスからウェブスケールディスカバリへ

大学図書館では、今まで見てきたように、二一世紀に入ってから紙の所蔵資料から電子ジャーナルやデータベースなど、電子的な資料への急激な移行が起きました。大学図書館は、このような変化に対応するために、従来の図書館業務システムの中心であった紙資料を中心とするＯＰＡＣシステムを電子資料も扱えるものへ改善を迫られました。しかし、従来の紙資料の処理を中心とする図書館業務システムのなかに、すぐに取り入れることは難しかったために、従来の図書館業務システムを補う形で、別のシステムやサービスとして開発されてきました。

一九九八年にグーグルが、一つの検索窓ですべての取集された情報を検索できるシンプルな検索システムを開始すると、それまでは、検索をあまりしたことのなかった多くの人がたやすくインターネット上の情報を検索できるようになりました。このことは、それ以前のＯＰＡＣを含むデータベースの検索システムの多くが、どちらかといえば、検索の専門家に向けた複雑な検索画面や機能を持つものだったので、グーグルなどの検索になれた学生にとって利用しやすい検索システムへの変更が強く意識されるようになりました。二〇〇〇年代には、グーグルは学生が情報を探すときの最初の選択肢になっていきました。

このことは、大学図書館が提供するＯＰＡＣサービスのあり方にも大きな影響を与え、従来の

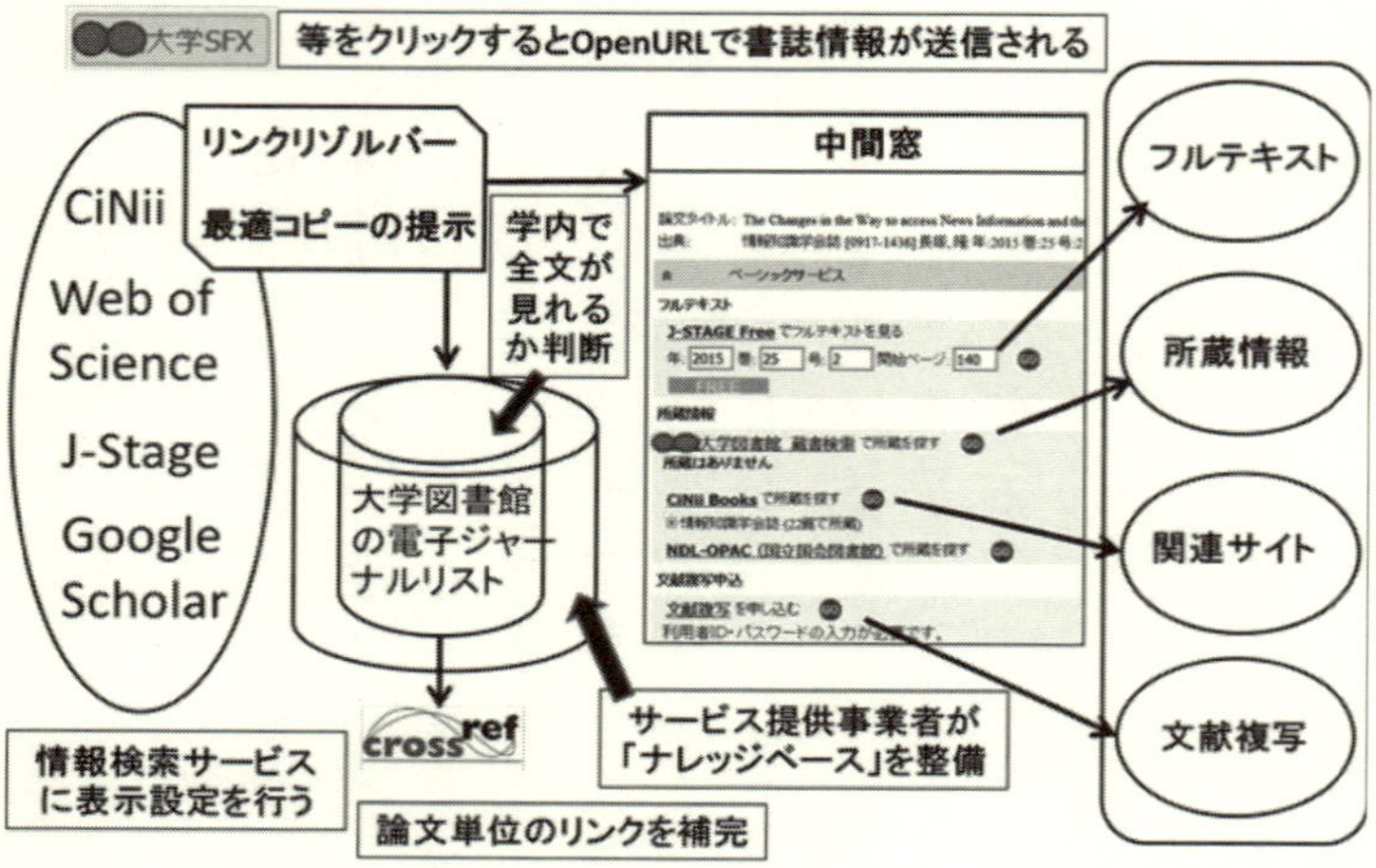

図 6-3　ディスカバリーサービスの構成例

紙資料を中心としたＯＰＡＣから図書館が提供する電子ジャーナルなどのデジタル資料も同時に検索できる「次世代ＯＰＡＣ」が期待されるようになりました(4)。

次世代ＯＰＡＣは、従来のオンライン目録の範囲を超え、電子ジャーナル、契約しているデータベース、機関リポジトリに収録された情報など、図書館利用者の要望に沿うために多様な情報を扱うことから、より広い範囲の情報を見つけ出すためのシステムという意味を込めてサービスの提供会社は「ディスカバリーサービス」という名称を広く使用するようになりました(5)。

図６‐３は、ディスカバリーサービスの構成例（４章の再掲、詳細は４章を参照）です。ディスカバリーサービスを導入している大学であれば、キャンパス内からグーグルスカラー、

CiNii、Web of Scienceなどの文献検索サービスや文献データベースなどで検索したときに、自大学の図書館が所蔵している雑誌や契約している電子ジャーナルなどへ誘導するバナーが表示されます。リンクリゾルバとナレッジベースの機能により、利用者はその誘導に従い、表示される「中間窓」の中から、自分にとり最適な手段で、論文の全文までたどり着ける仕組みになっています。中間窓には、それぞれの大学図書館で現在選択可能な手段、例えば、検索した論文が「自館で契約の電子ジャーナルに収載されている」、「自館で所蔵の紙媒体の雑誌に掲載されている」、「フリーの電子ジャーナルとして公開されているのでそのサイトに案内」、「自館の文献複写サービスを案内」など、さまざまな選択肢が表示され、利用者はその中から選択することができるようになります。

大学図書館が提供できる情報を網羅的に発見できるサービスを目指すディスカバリーサービスにとって、前述のように、中間窓により利用者にとっての最適コピー（最も費用がかからないで入手できる資料）を提供できるリンクリゾルバシステムがその核になっていることはいうまでもありません。

大学図書館は、もともと、学生や教員が情報を探し出すための資料や手段を提供することを使命としています。デジタル環境の中で、そのような使命を果たすためには、大学図書館として図書館の建物の中にあるかどうかにかかわりなく、学生や教員に提供可能なすべての情報をひとつの検索窓から提供できることが求められているといえます。

「ウェブスケールディスカバリ」は、図6－4に示したように、このような期待に応えうるサービスとして近年開発されてきました。ウェブスケールディスカバリでは、サービスの提供会社がクラウド上に、雑誌出版社、Web of Science や Scopus などのデータベース、CrossRef からのDOIデータ、当の大学図書館が収集・契約して学内で利用できる情報資源、さらにオープンアクセスで利用可能な雑誌論文なども含めて学生や教員に必要とされる情報を、あらかじめ収集して、索引（セントラルインデックス）を作成しておくことで、横断検索などと比較して、高速な情報へのアクセスを実現しています。

二〇〇〇年代に普及し始めた Open URL とリンクリゾルバによるディスカバリーサービスで、利用者は直接個々の論文にアクセスが可能となりましたが、多くの場合には、まだ、個々の論文の全文を見るためには雑誌社などの別のシステムに入り、異なるインターフェースで検索する必要がありました。ウェブスケールディスカバリでは、あらかじめ書誌情報を収集して、提供事業者がクラウド上に、索引（セントラルインデックス）を作成しておくことで、利用者がより多くの情報にアクセスし易くなり、たやすく全文を入手できるようになることが期待できるとされています。

検索可能なコンテンツを広い範囲から収集し集合索引を作成するため検索速度が高まる、グーグルような単一の検索窓なので初心者にも検索しやすい、検索結果を適合度順に出力するので効率が良い、図書館内のシステムではなく外部システムとして利用可能なので導入しやすいなどの

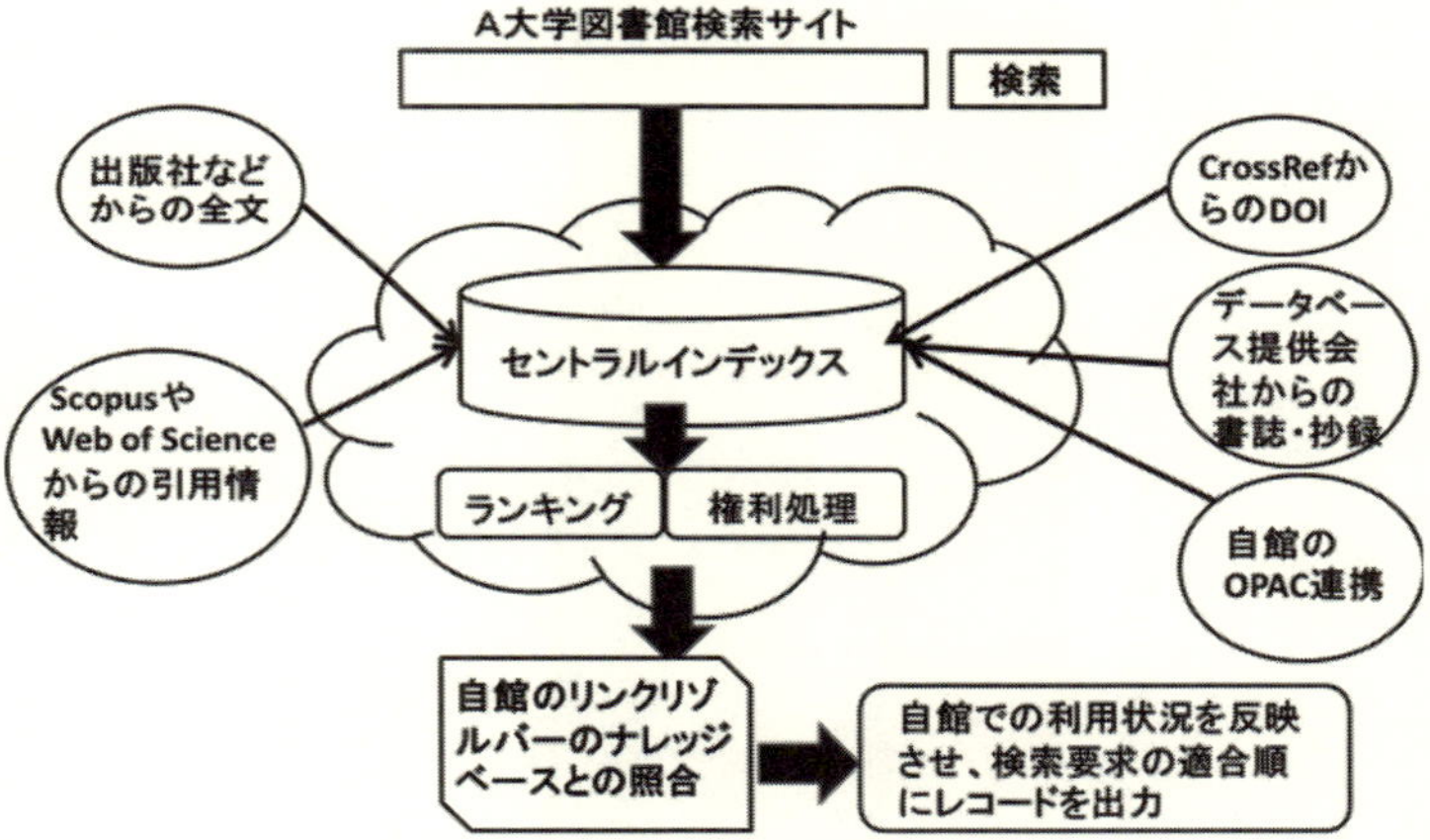

図6-4　ウェブスケールディスカバリーの構成例

メリットがあると指摘されています[6]。

ウェブスケールディスカバリは、ＯＣＬＣのWorldCat Localが二〇〇七年、シルアルズ・ソリューション社のSummonが二〇〇九年、エビスコ社のDiscovery Service、イノベイティブ社のInterfaces Encore Synergyとエクスリブリス社のPrimo Centralが二〇一〇年にサービスを開始しました。サービスが開始されてから、それほど時間がたっていないこともあり、提供されるサービス内容もさまざまに拡大変化しており、評価が難しい点もありますが、収録されているメタデータやコンテンツの提供事業者との契約などのため、内容が十分開示されていない点が問題となってきました。二〇一四年には、米国情報標準化機構（ＮＩＳＯ）が、ウェブスケールディスカバリの提供会社が出版社やデータベース提供機関などとコンテンツの提供契約を結ぶときに、コンテンツ内容を利用者である図書館に開示できるようにすることなど、ウェブスケールディスカバリに収集されているコンテンツの透明性を高めるための指針を公表しています(7、8)。

また、ウェブスケールディスカバリを導入するに当たっては、日本語コンテンツの収録状況にも注目する必要があります。現状では、日本語コンテンツはCiNii Articles（NII－ELS）、JAIRO、国立国会図書館雑誌記事索引、J－STAGEといった公的なサービスが中心で、商用データベースは、ジャパンナレッジLib、magazineplus、医中誌Webなどに限定されていて、利用者のニーズが大きい朝日、読売、毎日といった新聞データベースは、全く収録されていないと指摘されています(9)。今後、さらに多くの日本語コンテンツが収録されることを期待したいものです。

4 ナレッジベース——個別から共同へ

従来、個別の大学図書館システムで対応してきたことが雑誌の電子ジャーナルへの移行により、難しくなってきたといえます。実際、電子ジャーナルのコンテンツは大学図書館の外部に置かれ、学内の教員や学生は雑誌出版社のサイトに研究室や教室からアクセスして電子ジャーナルに掲載された論文を閲覧するようになりました。ただし、このことはデータベースやグーグルスカラーなどの検索サイトで、閲覧したい論文の書誌情報を入手した後に、自分で、その雑誌が大学図書館で購読しているかを確認し、購読していれば雑誌出版社のサイトにアクセスし、そのサイトの検索方法に従って該当の論文全文を入手するという大変手間のかかるものでした。

前述したように、教員や学生など図書館の利用者が、論文を容易に入手できるようにするために、ディスカバリーサービスが開発されたともいえます。リンクリゾルバ、ナレッジベース、OpenURL、ＤＯＩ、CrossRefなどの技術から構成されるこのサービスは、その有用性と導入のしやすさ、さらに、個々の大学図書館が当面していた従来の図書館システムだけで、紙の資料とデジタルの資料の両者を同時に扱うことの困難さを克服するためのサービスでもありました。

しかし、米国で開発されたディスカバリーサービスを、わが国の大学図書館に導入して使用してゆくうえで、日本で発行されている資料への対応は欠かすことができませんでした。ディスカバリーサービスの中核となるナレッジベースに国内の電子資料のデータが不足していたため、せっかくディスカバリーサービスを導入しても、教員や学生に国内の電子資料を適切に案内できませんでした。そのため、それぞれの大学図書館や学術機関では国内の電子資料の同じようなデータを、個別にナレッジベースに登録するという非効率な作業が発生していました。この課題を解決するために、大学図書館と国立情報学研究所との連携・協力推進会議に、「これからの学術情報システム構築検討委員会」電子リソースデータ共有ワーキンググループが設置され、国内の電子資料に関する情報を集約・管理するデータベースＥＲＤＢ‐ＪＰ（Electronic Resources Database-JAPAN : http://www.nii.ac.jp/content/erdb/）を構築して、二〇一五年四月に公開しました[10]。このことは、大学図書館が利用者である教員や学生に提供しようとするサービスが、それぞれの大学図書館単独では実現が難しいものが多くなっており、全国的あるいは国際的な連携が必要とされるものが増加していることを示しているともいえます。

　このような傾向は、ひとりわが国だけではなく、多くの国でもオープンなナレッジベースの構築・共有への動きが広がっています。例えば、米国のオープンソース次世代型図書館システムを開発・提供しているKuali OLEと、英国の教育や研究のためのデジタルコンテンツを推進する団体であるJisc Collectionsが運用するGlobal Open Knowledgebase（GOKb：http://gokb.org/）は、米国とヨーロッパの電子ジャーナルや電子書籍、出版社のパッケージにしたコンテンツやプラットフォームなどの電子資料を共同して収集し、共同で作成したナレッジベースのデータを公開するモデルを、二〇一五年一月にスタートさせています（http://gokb.kuali.org/gokb/）。

　また、英国Jisc Collectionsは、図書館がより正確に電子資料の管理が行なえるよう、より正確な出版、契約、ライセンス、管理情報を提供するために、Knowledge Base+（KB+：https://www.kbplus.ac.uk/kbplus/）を開始しました。

　このように、各大学図書館で利用されているディスカバリーサービスにおいても、その中核となるナレッジベースを充実し、毎日変化する電子ジャーナルなどの出版状況に対応してゆくためには、単一の大学図書館では対応しきれなくなっており、大学図書館内の業務システムに加えて、さまざまな図書館ネットワークが構築され、また構築されつつあります。今後も、この傾向は進展してゆくことでしょう。

5　デジタルアーカイブと大学図書館

デジタルアーカイブは、博物館・美術館・公文書館や図書館の収蔵品を始め有形・無形の文化資源（文化資材・文化的財）等をデジタル化して、インターネット上で公開したり、長期的な保存等を行なうことと一般的に理解されています。また、資料を精緻にデジタル化することにより、オリジナル資料へのアクセスが減少し、将来的にも資料の傷みを最小限にすることが可能になると考えられています。

二〇〇九年に、国立国会図書館が実施した「文化・学術機関におけるデジタルアーカイブ等の運営に関する調査研究」では、大学図書館におけるデジタルアーカイブの特色を分析し、二〇〇〇年代の後半から普及し始めた機関リポジトリが大きな影響を及ぼしていると指摘しています。それ以前大学図書館が個別に所蔵する貴重書などをデジタル化して公開していました。このように、個別に公開されていたものも機関リポジトリを通じて広く公開されるようになってきました。

大学図書館が中心に実施しているデジタルアーカイブの中で、機関リポジトリは次のように位置づけられています。広義のデジタルアーカイブは、「研究成果のアーカイブ」と「所蔵資料のアーカイブ」に区分できます。機関リポジトリは前者の研究成果アーカイブとして考えられており、後者の狭義のデジタルアーカイブと区別されています。米澤は、機関リポジトリを構築している大学および大学図書館では、この前者と後者の違いを明確に意識して、デジタルアーカイブに取り組んでいると指摘しています(11)。現在では、多くの大学図書館は所蔵資料アーカイブに加えて、研究成果アーカイブとしての機関リポジトリを運用しています。

さらに、米澤は所蔵資料アーカイブでは初期の貴重書などのデジタルアーカイブに加えて、市民や小中高校生の教育・学習教材として広く活用されることを目指したデジタルアーカイブなども増加していると指摘して、社会貢献として構想された東北大学和算資料データベース(旧:和算ポータル)や地域貢献としての岡山大学・池田家文庫絵図公開データベースシステム(旧:池田家文庫絵図類総覧)などを紹介しています(11)。

最初は、大学が所蔵する貴重書などをデジタル化し、インターネット上に公開することで、どこからでも、だれでもが利用できるサービスとして始まったデジタルアーカイブは、現在では、多くの大学が機関リポジトリを設置したこともあり、所蔵資料のアーカイブだけでなく、研究成果のアーカイブも行なうようになり、大学図書館としての「デジタルアーカイブ」は、果たす役割を大きく広げてきているともいえます。今後も、さまざまな貴重な資料や研究成果をデジタルでアーカイブし、誰でもが利用できるようにすることと、後世に利用できるように保存してゆくことは、大学図書館としての重要な役割のひとつであるといえましょう。

6　電子書籍・電子専門書と大学図書館

雑誌のデジタル化に続いて、欧米の出版社では専門書のデジタル化が進展しています。それに対して、日本で出版される専門書のデジタル化の進展は遅れているといわれています。このような状況を受けて、二〇一〇年から二〇一二年まで、慶應義塾大学を事務局に、国内の出版社の協力を得て、電子学術書の利用実験が実施されました。これに続いて、二〇一二年から二〇一四年まで他の大学も参加して、電子専門書の共同利用実験が行なわれました(12)。この一連のプロジェクトは、大学図書館で使える日本語の教育用の電子学術書の利用を促進することを目的としていました。実際には、学術出版社からコンテンツの提供を受け、電子化とシステムを担当する会社の協力を得ながら、学生等が利用（閲覧・貸出し）するための電子学術書プラットホームを作り、利用者からの反応と評価を元に、今後の電子書籍化の方向性を探るものでした。利用者が学習や研究等で使っている資料の一部を二四時間自宅からも利用でき、資料が貸出し中で利用できないという状況も改善される等の電子書籍ならではのメリットを、実際にどのように享受できるかの確認も行なわれました。著作権の残っている日本語の学術書を出版社の承諾を得て、デジタル（電子書籍）化し、これらを閲覧・貸出しできる実験は、日本では初めての試みでした。学生の利用実験から、電子学術書の量の確保、書籍の部分的利用（マイクロコンテンツ化）、プリントオンデマンド（POD）の可能性などが課題として見えてきたと指摘しています(13)。また、今後、学術専門書の電子化を進めてゆくためには、出版社と大学図書館とのコミュニケーションを促進し、ターゲットとする書籍についての考えが出版社と図書館でも異なるので相互の議論が必要であると指摘しています(14)。

近年、大学図書館など、図書館の電子書籍の貸出しサービスを提供する民間のサービスがスタートしています。二〇一二年には、電子出版ビジネスのインフラ整備を目的として出版デジタル機構や学術・専門書・教養書に特化したMaruzen eBook Libraryが、二〇一三年には、日本電子図書館サービスが設立されています。

国立大学図書館協会が二〇一二年にまとめた報告書では、大学図書館界として、①出版・流通関係者に国内の電子書籍新刊や個人向けの電子書籍の図書館への供給を働きかける、②電子書籍の商品タイプや価格設定方式・利用条件等について、積極的に検討し出版・流通関係者に提案・協議する、③外国出版社・供給企業にも価格や利用条件について積極的に交渉を進める、④出版・流通関係者への積極的な働きかけと協議を行なうために電子書籍に取り組む組織体制を確立するなどを、今後の課題として提起しています(15)。

いまだ、大学図書館での電子書籍の利用や活用、特に日本語の専門書については今後に大きな課題が残っているといえます。

7　クラウド時代の学術情報ネットワークと大学図書館

最近では、情報技術の発展もあり、社会の多くの分野で「ビッグデータ」と呼ばれる大量のデータが日々生み出されています。特に、科学技術分野では天文や気象に関するデータ、ＤＮＡなどの遺伝子情報など多くのデータが生み出されています。このような状況の中で、科学技術研究で生み出される膨大なデータを連携し、高度に処理・活用する第四の科学的手法であるデータ科学を、共通基盤技術の開発やアカデミッククラウド環境の構築により、新たな知の創造や科学技術イノベーションの創出、あるいは社会的・科学的課題解決につなげる必要性が高まっていると指摘されています(16)。

現在は、大学等が有する研究や教育に関するデータを、個々の大学のコンピュータセンターや機関リポジトリなどで蓄積し、利用するだけでは新たな「ビッグデータ」の時代に対応できなくなっています。全国の大学あるいは複数の大学等間で、多様なデータや情報資源を共有して利用できる「アカデミッククラウド」が必要になっています。これは、前述の国立情報学研究所が提供している各大学の機関リポジトリの受け皿となるJAIRO Cloudなどとして、すでに開始されていますが、今後、さらに機能の改善や拡大が期待されます。

このような「アカデミッククラウド」が、多様な形で、さらに整備されてゆけば、個々の大学等は自らの情報システムの整備や維持に必要な設備投資が抑制できることに加え、迅速な拡張性やデータバックアップによる安全性の確保も可能になり、極めて効率的な運用が可能になると指摘されています。さらに、研究者にとってもシステム調達や設定などに要する多大な作業や時間から解放されることで、教育研究に専念できるなどのメリットが生まれると考えられています。アカデミッククラウドの導入に際しては、外部のデータセンターが提供する民間のパブリッククラウドサービスとの連携も考慮に入れて検討を進めることの大切さも指摘されています。

現在は、各図書館の業務システムもクラウド化の方向に進みつつあります。例えば、静岡大学附属図書館は二〇一二年に図書館業務システムを更新し、館内システムをクラウド化しています[17]。図書館業務システムは、キャンパス外のパブリッククラウドセンターを利用して構築して、静大ＯＰＡＣ（所蔵検索）、静大myLibrary（学生・教員向け個人サービス）などを提供しています。

今後は、各大学の図書館業務システムは外部の電子ジャーナルサイト、電子書籍サイト、学術情報データベースのサイト、共用リポジトリなど多様なサイトやサービスとの連携を重視して、更新・改善してゆく必要があります。また、図書館業務システムをクラウド上に設置する方向性も選択肢に入ってくるようになってきているといえます。米国を中心に、今後の外部サービスとの連携を重視した次世代型図書館システムが開発されていますので[18]、今後は、わが国の大学図書館でも次世代型図書館システムについての検討が進展してゆくことが期待されます。

1　Nagatsuka, Takashi & Hasegawa, Toyohiro. A Critical Role of Academic Advisory Service in a part of the Learning Commons Facility. IFLA World Library and Information Congress 78th IFLA General Conference and Assembly, 2012. http://conference.ifla.org/past-wlic/2012/180-nagatsuka-en.pdf

2　文部科学省「大学図書館における先進的な取り組みの実践例（Ｗｅｂ版）」 http://www.mext.go.jp/a_menu/kaihatu/jouhou/1341375.htm

3　文部科学省「大学図書館における先進的な取り組みの実践例―大学の学習・教育・研究活動の質的充実と向上のために」 http://www.mext.go.jp/b_menu/shuppan/sonota/detail/1314091.htm

4　片岡真「ディスカバリ・インターフェース（次世代ＯＰＡＣ）の実装と今後の展望」『カレントアウェアネス』二〇一〇、三〇五号　http://current.ndl.go.jp/ca1727

5　林豊「最近の図書館システムの基礎知識　リンクリゾルバ、ディスカバリーサービス、文献管理ツール」『専門図書館』二〇一四、二六四号、二―八ページ

6　Vaughan, Jason. Chapter 1: Web Scale Discovery What and Why? ALA TechSource. https://journals.ala.org/ltr/issue/view/140

7　NISO. Open Discovery Initiative: Promoting Transparency in Discovery. RP-19-2014. http://www.niso.org/apps/group_public/download.php/14820/rp-19-2014_ODI.pdf

8　林豊「ディスカバリーサービスの透明性向上のためになすべきこと」『カレントアウェアネス－Ｅ』二〇一四、二六六号　http://current.ndl.go.jp/e1604

9　飯野勝則「ウェブスケールディスカバリと日本語コンテンツをめぐる諸課題―海外における日本研究

の支援を踏まえて」『カレントアウェアネス』二〇一四、三二一号　http://current.ndl.go.jp/ca1827

10 塩野真弓「ERDB-JP：共同で構築する電子リソース共有サービス」『カレントアウェアネス-E』二〇一五、二八二号　http://current.ndl.go.jp/e1678

11 米澤 誠「第I章 第4節　大学図書館におけるデジタルアーカイブ」『文化・学術機関におけるデジタルアーカイブ等の運営に関する調査研究』国立国会図書館、二〇一〇　http://current.ndl.go.jp/node/17891

12 「電子学術書利用実験プロジェクト」　http://project.lib.keio.ac.jp/ebookp/

13 岡本 聖・入江 伸「慶應義塾大学メディアセンター電子学術書利用実験プロジェクト報告 —出版社・学生と大学図書館で創りだす新しい学術情報流通の可能性」『大学図書館研究』二〇一二、九五号、一-一〇ページ　http://www.jcul.jp/ojs/index.php/daitoken/article/viewFile/94/66

14 島田 貴「慶應義塾大学における電子学術書利用実験プロジェクト　実験から見えてきたもの」『情報管理』二〇一一、第五四巻六号、三一六-三二四ページ　https://www.jstage.jst.go.jp/article/johokanri/54/6/54_6_316/_article/-char/ja/

15 国立大学図書館協会「大学図書館における電子書籍のサービスに向けて — 現状と課題 —」　http://www.janul.jp/j/projects/si/gkjhoukoku201306a.pdf

16 科学技術・学術審議会 学術分科会 学術情報委員会「教育研究の革新的な機能強化とイノベーション創出のための学術情報基盤整備について —クラウド時代の学術情報ネットワークの在り方—（審議まとめ）平成二六年七月」　http://www.mext.go.jp/component/b_menu/shingi/toushin/__icsFiles/

afieldfile/2014/08/26/1351114_1.pdf

17　「静岡大学附属図書館、図書館業務システムをクラウドへ移行」『カレントアウェアネス』 posted 二〇一二・二・二九　http://current.ndl.go.jp/node/20280

18　林豊「次世代型図書館業務システム主要五製品の特徴とその現状」『カレントアウェアネス－E』二〇一二、二一七号　http://current.ndl.go.jp/e1307

7章　情報技術の動向と新たな動き――公共図書館

1　公共図書館の活動・サービス形態の変貌

情報技術は、公共図書館の活動やサービスにさまざまな影響を与えています。公共図書館に今後最も大きな影響を与えると思われるのが、電子書籍（e-books）です。これまで公共図書館が提供してきた主たる書籍は紙媒体のものでした。この傾向は今後もしばらくは続くでしょうが、電子書籍の割合が今後著しく増加することは避けられないでしょう。電子書籍の流通経路つまり提供の仕方および利用の仕方が紙媒体の書籍とは著しく異なることも、考えなければなりません。

情報機器の普及も多大な影響を及ぼします。現在タブレットやスマートフォンを所有する人が急激に増加しており、こうした機器やノートパソコンを介して図書館内外の資料にアクセスすることは別に目新しいことではなく、ごく普通のこととなっています。そのためＷｉ－Ｆｉの使用環境の整備・充実が求められています。一般にわが国では電子書籍の普及度が低いとの指摘があ

ります が、Ｗｉ－Ｆｉの使用できる図書館も決して多いとはいえません。

米国では図書館の新たなサービスとして、３Ｄプリンターなど先進的な機器を用意したメーカースペースを設置する動きも見られます。地域コミュニティーの中での図書館の存在意義を示すための戦略の一つと考えられますが、新たに出現する情報機器は、常に図書館サービスに影響を及ぼしかねないことも示しています。

公共図書館の活動・サービス形態が大きく変化することは、避けられません。そしてその使命を果たすだけでなく存在感を示すためにも、情報技術の進展、恩恵、問題点を理解し、日常業務の中にそれを的確に取込むことが求められています。

電子書籍の貸出し

公共図書館にとって書籍の貸出しは、最も中心的な主体的活動といえましょう。これは電子書籍が著しく増加した今日においても同様です。しかし、電子書籍の貸出しの場合、図書館は出版社と利用者との間の中継ぎ的な役割を担うに過ぎません。電子書籍の貸出しは、利用登録した図書館利用者が、図書館のウェブサイトにアクセスして、電子書籍を一時的に使用できるようになるだけで、図書館が電子書籍を所有するわけではないからです。

電子書籍の貸出しは、従来のように来館する必要はなく、手元の端末を使用するだけで、行なうことができます。返却する場合も、来館する必要はありません。ある決められた時間が経過すると、その書籍が端末から自動的に消滅するようになっているからです。したがって、返却の督促を受けることもありません。また開館日や開館時間を意識する必要もありません。電子書籍を利用する場合に利用者が来館する必要がないことは、利用者にとって大きな利点です。たとえば、老人、物理的な障害を持つ人、家に引きこもりがちの人など、来館することに負担を感じる人にとっては、恩恵といえます。一方、これは来館者の減少に繋がりやすいことを意味しますので、図書館は利用者を来館させる他の手段を考えることが、必要になるでしょう。

来館しなくとも書籍を利用できることは、リモートアクセスを認めることになりますが、これがＥＵの著作権指令（Copyright Directive）との関連で疑義を呈する意見が、英国にはあります。たとえば英国の出版社は、電子書籍の利用を図書館内に限定すべきと主張しています(1)。

図書館は、出版社あるいはベンダーと利用の仕方（電子書籍の貸出しモデル）や利用料金などに関して契約を結んで、図書館利用者に電子書籍を提供します。その結果、利用登録を済ませた利用者は、無料で電子書籍にアクセスできます。電子書籍の貸出しモデルはいくつか考えられており、その妥当性や問題点について、図書館・利用者と出版社・ベンダー側の双方から、さまざまな意見が出されています。

貸出しモデルを決定する要因として基本的なのは、①特定の書籍に同時に何人の利用者がアクセスできるのか、②一人の利用者が同時に何冊の書籍にアクセスできるのか、③利用期間は何日なのかです。その例として、ワンコピー／ワンユーザモデルや、ワンコピー／マルチユーザモデルがあげられます。また、図書館を経由して電子書籍の貸出しを行なう最大手のベンダーである米国のOverDrive社では、四つのモデルが提供されています(2)。IFLAから出された電子書籍貸出しサービスの背景報告の中でも、同じようなモデルが取上げられています(3)。

電子書籍を利用するためには、読書端末が必要になります。電子書籍の黎明期では、それぞれの書籍ごとに、対応する読書端末やソフトウェアが開発されました。その結果、多くの電子書籍にアクセスするためには、複数種類の端末やソフトウェアを用意せざるを得ない時期がありました。しかし現在は標準化が進み、こうした問題は解決される方向にあるといえます。そしてWindowsやMacのようなパソコン環境、キンドル、ソニー、Kobo、ヌークのような専用読書端末、さらにiPadやiPhone等で、電子書籍を読むことができるようになっています(3)。

図書館での電子書籍の利用が出版社の電子書籍の売上げにどのような影響を及ぼすかは、図書館での利用が永続的にかつ円滑に行なわれるために、また図書館と書籍販売業との良好な関係を維持するために、常に検討する必要があります。米国では、かつて図書館での利用が営業的に悪影響を及ぼすという理由から、出版界が図書館での利用を拒否していた時期がありました(4)。しかし米国図書館協会会長からのサイモン&シュスター、マクミラン、ペンギンの三社を非難する公開書簡(5)など図書館界からの強い反対を受けて、出版界はこの方針を撤回しました。

日本でも電子書籍貸出しサービスに対して、かつての米国と似たような拒否反応が存在します。しかし米国でのその後の動きをみれば、こうした反応があるのは、貸出しサービスが提供側にもたらす利点・可能性への理解が乏しいためといえましょう。

電子書籍にアクセスする画面にその書籍を購入するためのボタンが用意されている例がみられるのは、図書館と書籍販売業との良好な関係を維持するための方策といえます。しかしこのボタンがどの程度効果があるかは、明らかではありません。二〇一五年六月に公表された英国での調査報告では、ボタンをクリックした人は非常に少なく、また電子書籍の利用が購入頻度を減らすかのような結果が示されています(6)。一方、ボタンをクリックした人の多少はともかくとして、わが国では電子書籍貸出しサービスを利用した人の三二%(7)、米国では四一%(4)がそれぞれ電子書籍を購入したとのことです。電子書籍貸出しサービスが普及するにつれて、さまざまな問題も生じているようです。わが国ではこのサービスがまだ揺籃期にありますので表立っていませんが、米国ではプラットフォームの変更、電子書籍の提供価格と貸出し制限の設定、個人情報・閲覧履歴の守秘義務にかかわる問題が論議されてきました(4)。

新たな情報技術の導入

就職や転職あるいは生涯教育に役立つ情報・お知らせや住民サービスの中には、インターネットで提供されるものもあります。そして図書館はこうした情報の検索・入手場所として、今まで以上に大きな可能性を持つようになりました。さらに、タブレット端末やスマートフォンを使用したアクセスが、社会的な流れとなっています。

異なるメーカの機器間での相互接続を保証する無線LAN規格であるＷｉＦｉが用意された環境では、ノートパソコン、スマートフォン、タブレット、フィーチャーフォンなど種々の機器がインターネットに接続できるようになります。したがって、図書館内にＷｉ－Ｆｉ環境が整備されていれば、利用者はさまざまなレベルでの情報の入手・交換・提供を行なうことができます。さらにＯＰＡＣや多種・多様なデータベースにアクセスできるサービスが提供されていれば、館内で利用者はこれまでよりも質の高い学習活動や調べものを行なうことが可能となります。利用者の情報ニーズは今後ますます複雑化・高度化することが考えられますので、こうした環境の提供・整備は、公共図書館にとって不可欠といえます。インターネットの回線容量の増大や、ＷｉＦｉなど高度な通信環境の整備・充実は、その第一歩といえるでしょう。

米国のほとんどの公共図書館は、無料でＷｉ－Ｆｉ環境を提供しており、その利用は飛躍的に増大しているといわれます(8)。また、Ｗｉ－Ｆｉ環境の充実を目指す動きとして、二〇一四年一二月からニューヨークのブルックリン公共図書館、ニューヨーク公共図書館、クイーンズ図書館の三つの図書館システムで、ニューヨーク在住者にポータブルＷｉ－Ｆｉホットスポットの機器を貸出すプログラムが開始されたとのことです(9)。

一方、わが国の公共図書館は、「全国のＷｉ－Ｆｉが使用できる図書館人気ランキング（二四八件）」(10)からも明らかなように、整備は遅れているようです。Ｗｉ－Ｆｉのみならず今後出現する新しい情報技術を的確に公共図書館に取込むためには、国レベルでの取組みが重要と思われます。

後述するように米国ではメーカースペースの設置、利用が流行になっているようですが、そこには米国図書館固有の事情があると考えられます。公共図書館は大学図書館よりも社会や文化の違いを受けやすいので、外国の公共図書館の新しい動きが、そのままわが国に適用できるわけではありません。しかし、わが国においても今後参考にする必要が生じる活動やサービスは、あると思われます。長野県の塩尻市立図書館での３Ｄプリンターの導入（11）は、わが国公共図書館での新たな活動・サービスを検討するためのきっかけとなるのかもしれません。

2　日本の公共図書館

電子書籍の出版状況を正確に把握することは、紙媒体書籍の場合のようにはいかず、容易ではありません。紙媒体の場合はほとんどの書籍が通常出版社を通じて刊行されますので、たとえば『出版年鑑』や *Books in Print* などから概略を知ることができるからです。一方電子書籍では出版社の統計データが明確に示されていないこと、出版計画に基づく電子書籍の刊行だけではなく、パブリックドメインの紙媒体書籍のデジタル化や自己出版[注]など、さまざまな出自のものが考えられることから、信頼できる数値を示すことは難しいようです。

たとえば、二〇一五年五月一四日、電子書籍検索サイト「hon.jp」を運用している hon.jp 社は、二〇一六年中には日本国内で発行される電子書籍点数が一〇〇万点を突破するという推測を発表しました[12]。しかし、この一〇〇万点がどのような根拠に基づいているのかは少々疑問です。電子書籍の刊行点数や販売点数を正確に計算するのは、難しそうだからです[13]。さらに電子書籍の範疇に雑誌、郷土資料、新聞等を含めるか否かによっても、概数は異なるでしょう。デジタルの世界では、これまで確立されていた書籍と雑誌を区別する意味は失われているとの意見もあり[14]、電子書籍の定義・範囲を確定することが難しくなっていることもその一因といえます。

公共図書館での電子書籍貸出しサービスの導入は少しずつ進んでいるといえますが、実証実験レベルのものや、現在はこのサービスを中止している図書館もあります。したがって、実態を把握するには、日常業務として現実に貸出しサービスが行なわれているかどうかのチェックが必要です。

電子出版制作・流通協議会が二〇一四年二月から四月にかけて全国の自治体が設置するすべての公共図書館中央館一三五二館を対象として実施した、電子図書館・電子書籍サービスの調査に基づく報告[14]は、わが国公共図書館での電子書籍貸出しサービスの現況をうかがい知る手がかりとなります。この報告書によれば、二〇一四年九月時点で電子書籍貸出しサービスを実施している図書館は、表7-1に示す三〇館とのことです。

日本の公共図書館での電子書籍貸出しサービスの先駆けとなったのは、二〇〇七年にサービスを開始した東京都の千代田区立千代田図書館といわれています。その後導入の動きは停滞し、ようやく二〇一一年一月に二番目として、堺市立中央図書館が導入しました(14)。表7-1で示しました開始年月以降も、複数の図書館がサービスを開始しており、二〇一五年一〇月時点では、三五館以上になっていると思われます。そして、導入されるシステムの多くは、図書館流通センターのTRC-DLとなっています。

電子書籍貸出しサービス導入館は、それぞれ独自性を出すための取組みを行なっています。たとえば、徳島市立図書館は、二〇一五年五月一六日から当館オリジナルの電子書籍『ぽんぽこ―阿波の狸の物語プレ公開版』を電子書籍貸出しサービスで提供しています(15)。また、文部科学省が二〇一四年三月付で公開した全国各地の公共図書館の特徴的な取組みの事例集には、電子書籍貸出しサービス導入館として、札幌市中央図書館、明和町立図書館(群馬県)、千代田図書館(東京都千代田区)の三館が紹介されています(16)。

現在公共図書館で利用できる電子書籍のタイトル数は、図書館ごとに大きく異なります。たとえば、図書館流通センターのTRC-DL導入館でのタイトル数は、八二点から三六〇〇点にわたっています(17)。図書館が受け入れる電子書籍の種類や点数を決める場合には、欲しい電子書籍が存在するか、紙媒体書籍との調整、購入予算、サービス運用にかかわる事項の処理などを考慮しなければならないため、このような差異が生じていると思われます。

わが国の公共図書館における電子書籍貸出しサービスの特徴には、少なくとも以下の点があげられます。

表7-1　電子書籍貸出しサービス実施館（2014年9月1日現在）

図書館名	自治体	サービス開始年月
苫小牧市立図書館	北海道苫小牧市	2014年4月
札幌市中央図書館	北海道札幌市	2014年4月
秋田県立図書館	秋田県	2012年10月
高根沢町図書館	栃木県高根沢町	2013年5月
大田原市立電子図書館	栃木県大田原市	2013年12月
明和町立図書館	群馬県明和町	2013年6月
流山市立図書館	千葉県流山市	2013年10月
千代田区立図書館	東京都千代田区	2007年11月
東京都立中央図書館	東京都	2013年12月
山梨県立図書館	山梨県	2012年11月
大垣市立図書館	岐阜県大垣市	2012年7月
関市立図書館	岐阜県関市	2011年11月
おおぶ文化交流の杜図書館	愛知県大府市	2014年7月
志摩市立図書館	三重県志摩市	2013年9月
堺市立図書館	大阪府堺市	2011年1月
大阪市立図書館	大阪府大阪市	2012年1月
松原市民図書館	大阪府松原市	2014年7月
赤穂市立図書館	兵庫県赤穂市	2013年10月
三田市立図書館	兵庫県三田市	2014年8月
有田川町立図書館	和歌山県有田川町	2011年10月
浜田市立図書館	島根県浜田市	2013年8月
府中市立図書館	広島県府中市	2014年7月
萩市立図書館	山口県萩市	2011年3月
下関市立図書館　※	山口県下関市	2010年4月
徳島市立図書館	徳島県徳島市	2012年4月
まんのう町立図書館	香川県まんのう町	2013年6月
綾川町立図書館	香川県綾川町	2012年4月
今治市立図書館	愛媛県今治市	2013年8月
武雄市立図書館	佐賀県武雄市	2011年11月
豊後高田市立図書館	大分県豊後高田市	2013年2月

（引用文献14に基づき作成）

※表7-1では、下関市立図書館のサービス開始は2010年となっていますが、当時は館内利用のみで、館外貸出しを行なうようになったのは2012年頃です。

まず、電子書籍貸出しサービスを導入している館がまだ少ないことです。公共図書館設置自治体は約一三〇〇ありますが、電子書籍貸出しサービスを導入している館は三五館ぐらいですので、導入率は約二・七%ということになります。それに対して米国公共図書館での電子書籍貸出しサービス導入率は九五%を超え、人口が二万五〇〇〇人以上の地域ではほぼ一〇〇%といわれています(7)。

この結果を表面的に見ますと、日米両国間では大きな差異があることになります。しかし、公共図書館のサービスを数や量だけで評価するのは妥当ではありません。もし数や量を算出した基準が同じでないのならば、比較するのは無意味なのです。また、それぞれの国の事情も考える必要があるでしょう。

公共図書館を主たる対象として電子書籍貸出しシステムを提供する最大手である図書館流通センターが、提供できる図書館向けの電子書籍の点数は、最大で約一万八〇〇〇といわれます。一方、インターネット書店アマゾンのkindleストアの画面から電子書籍の分野・点数の概要を推測しますと、個人向けの電子書籍の点数は、一万八〇〇〇よりもはるかに多いと考えられます。この違いは、出版社には電子書籍を公共図書館に提供することへ対する拒否反応があることを、示しています。米国でも同じような問題が起きましたが、現在は解決しています(4)。

公共図書館でよく利用される一般書の電子書籍が少ないことも、導入館が増加しない理由と考えられます。出版社が電子書籍を刊行する体制を整備することは、簡単ではありません。とくに中小出版社では、大きな負担になると思われます。また、内容的に優れていても、多くの読者を得ることが期待できないコンテンツは、電子書籍化されないのかもしれません。こうした事情も、一般書の電子書籍が増大しない原因と思われます。

なお、著作権の消滅した作品と著作権者が「インターネットを通じて読んでもらってかまわない」と判断した作品とから構成される青空文庫(18)を、電子書籍貸出しサービスの中に取込むことは可能です。しかし、そのためには青空文庫のコンテンツをそれぞれの図書館のシステムで採用しているデジタル著作権管理と整合するようにする処理が必要になるでしょう。

二つ目は、表7-1から明らかのように、電子書籍貸出しサービス導入館が、全国的に散在し、地域格差があまり感じられないことです。これは情報技術の活用が、サービス提供に関する地理的制約を除去し、サービスの遍在可能性をもたらすためと思われます。情報技術は、大都市でないと新たなサービスは不可能といった誤った意識を払しょくするのにも役立つといえます。後述する愛知県の安城市中央図書館でのＡＲ（拡張現実）を使ったナビゲーションアプリの導入も、その好例といえます。

三つ目は、日本での調査では電子書籍貸出しサービスで読んだ本のうち「購入したい」と思った本がある人が半数で、実際購入に至った人が三二％いるというデータです(7)。もしそうであるのならば、これは前述した英国での調査結果と大きく異なり、わが国では公共図書館の電子書籍貸出しサービスが電子書籍の販売向上につながる可能性を示しています。

これまで多くの公共図書館は自館が所有する歴史的に貴重な資料をデジタル化してデジタルアーカイブとして提供してきました。その一例として二〇〇五年に公開された横浜市立図書館のYokohama's Memoryや静岡県立中央図書館のデジタルライブラリーがあげられます。なお、電子書籍貸出しサービスとアーカイブの提供とは、まったく異なるサービスです。前者の場合は利用者登録が必要ですが、後者は単に図書館のホームページにアクセスすれば、誰でも自由に利用することができるからです。

最近は単なるアーカイブではなく高度な技術ＡＲ（拡張現実）を使ったナビゲーションアプリを導入して、アーカイブした資料で示された場所に利用者を誘う図書館が出現しました。愛知県の安城市中央図書館です。この図書館は、二〇一五年四月二一日、同市内の名所やおすすめの見どころを巡ることができるナビゲーションアプリ「安城ＡＲナビ」を完成しました（19）。現在、一九五五年～一九七五年頃の安城のまち並みの写真二〇〇枚以上が「安城ＡＲナビ」で利用可能とのことで、解説付きのポイントが設けられたおすすめのコースを巡ったり、現在地から昔の写真のあるスポットを検索したりすることが可能なようです。

一方、デジタル化ではなく機械化の側面に新たな技術の導入を試みる図書館もあります。高崎市立中央図書館（群馬県）は、紙媒体の書籍の貸出し管理のため資料にＩＣタグを付与して、貸出し・返却・蔵書点検作業の効率化を図っています（16）。利用者は自分で自動貸出機を操作して貸出し処理を行なうことになります。その結果、業務の効率を高めることができるだけでなく、利用者のプライバシーを守ることもできることになります。

注　自己出版　自己出版（セルフパブリッシング）とは、著者自身が電子書籍を制作して、流通経路にのせる形態の出版です。一方、自費出版は、著者が作成経費を負担して紙媒体の書籍を制作して、流通経路にのせる形態の出版です。自己出版は電子ファイルがあれば、出版・流通に要する経費はゼロに近くなり、また短期間で出版できますので、電子書籍端末の普及と共に今後増加の一途をたどるといわれています。しかし、自己出版では、内容の客観性や的確さに関して第三者がチェックする場がありませんので、品質が全く保証されない点に問題があります。

3　米国の公共図書館

米国の公共図書館を特徴付ける最近の動向は、電子書籍の貸出しが重要な活動・サービスとなりつつあることと、新たな情報技術・機器の活発な導入です。そしてこれまで資料の所蔵や閲覧スペースに充てられていた場所の一部を、３Dプリンターのような機器やそれらを使用する場所に変更することが、多くなっています。

米国の公共図書館では電子書籍が広く導入されており、その実態調査もなされています。たとえば、Library Journal 誌は定期的に電子書籍の利用動向調査を行なっており、その結果が誌上で示されています。最新の調査は、二〇一四年に行なわれたもので、公共図書館五三八館から回答があったとのことです[20]。それによると、公共図書館の九五％が電子書籍貸出しサービスを行なっており、二〇一三年の八九％と比較して増加しているとのことです[21]。そして提供できる電子書籍の数の中央値は、二〇一〇年には八一三にすぎませんでしたが、二〇一四年では一万四八四になっています。また、貸出し数の中央値は、二〇一〇年には二六〇〇件でしたが、二〇一三年には一万三四一八件に達しています。一方、貸出しの伸び率でみますと、二〇一二年が六七％、二〇一三年が三九％、そして二〇一四年が二五％と、年の経過と共に落ちてきています。これは、電子書籍がもはや目新しいものではなく主流になっていることの表れであるといえます。

公共図書館に電子書籍を提供する最大のベンダーはOverDrive社です。二〇一四年一二月三〇日付けの同社のブログでは、二〇一四年に貸出し回数が一〇〇万回を超えていた公共図書館のリストが公開されました。ここでいう貸出しの中には、電子書籍のほか、電子オーディオブック、音楽、ビデオ、定期刊行物の貸出し回数も含んでいます[22]。二〇一四年の貸出し回数が一〇〇万回を超えていた図書館は一〇館で、二〇一三年と比べて六館増加しています。そのうちニューヨーク公共図書館やロサンゼルス公共図書館など八館が一〇〇万回以上、カナダのトロント公共図書館と米ワシントン州のキング群図書館では、二〇〇万回以上であったとのことです。また、ウィスコンシン公共図書コンソーシアムのような九つの大きなコンソーシアムでも、一〇〇万回の大台を超えているとのことです。

さらにOverDrive社は二〇一五年一月八日付けで、同社の電子書籍の貸出し数が一億五〇〇万回になり、二〇一三年に比べ三二％増加したことを発表しています(23)。モバイル端末からの利用が伸びており、モバイル端末からの利用に限定した場合、電子書籍以外のメディアを含む同社のコンテンツの貸出し数の伸びは四三％に達していたとのことです。また、アクセス端末別に見ると、タブレットからのアクセスが四三％、スマートフォンからのアクセスが二一％でした。デスクトップからのアクセスは三六％で、二〇一三年の四八％より減少しています。コンテンツの貸出しについても、タブレットとスマートフォンからの利用が全体の五二％と、過半数に至っているとのことです。

米国では電子書籍貸出しサービスが定着しつつあるため、サービスの遂行に伴う問題が生じているようです。その例としてプラットフォーム（ベンダーの貸出しシステム）の変更、出版社による高価格・貸出し制限、個人情報・閲覧履歴の守秘義務の三つにかかわる問題があげられています(4)。このうち三番目の問題は、図書館機械化の構成要素であった貸出しシステムでも大きな話題となった問題ですが、近年はビジネスに利用される恐れがありますので、事態はさらに深刻といえます。いずれ日本の公共図書館も、これらの問題には遭遇する可能性がありますので、米国での動きを注意深く見守る必要があります。

公共図書館サービスの特徴として、情報技術の積極的な導入もあげられます。その典型的な例が、1章で言及したメーカースペースの設置や3Dプリンターの活用です。メーカースペースは一見図書館サービスとは関係がないように思われますが、米国では公共図書館を含め導入が進んでいます。米国図書館協会会長の Barbara Stripling は、図書館でのメーカースペースの重要性を指摘し、「メーカースペースは図書館が地域社会との関係を変え、住民が情報の生産者としての力をつけるのを支援する」と述べています(24)。

二〇一一年、ニューヨーク州のファイエット公共図書館は、米国で初めて3Dプリンターやレーザーカッターなどの工作機械を設置したラボ、つまりメーカースペースを図書館内に用意しました。利用者はこのラボを使うことによって、最新技術の状況に関する理解を深めるだけではなく、モノづくりの一端に触れることができるのです。ファイエット公共図書館に続いてこうした動きがサクラメント、ピッツバーグ、デンバー、デトロイトなど全米に広がりました。米国図書館協会によれば、現在六館に一館の割合でこうした装置、機械を設置するための場所を確保しているとのことです(25)。

公共図書館でメーカースペースの設置が盛んな理由の一つとして、資料提供などこれまでの伝統的な図書館サービスだけでは、地域コミュニティーのニーズに応えられないとの危機感があるからではないかと思われます。近年米国では、産業構造や社会の変化に適切に対応してより有利な就職・転職先を選択するために、あるいは新しく起業する機会を獲得するために、図書館を訪れる地域住民が増えているといわれます(25)。彼らは、こうした可能性に必要な新しいアイディアの獲得や自分の能力・技術のレベルアップと繋がる新たなサービスを、図書館に求めるようになっているのでしょう。

しかし、伝統的な図書館サービスでは、図書や雑誌等（アナログであるかデジタルであるかにかかわらず）で代表される既存のテキストレコードの処理と結びつく情報機器は提供されていましたが、新たな知見や成果をもたらすために役立つと期待される手段の提供は、なされていませんでした。メーカースペースはこうした役割を担う場所であり、３Ｄプリンターはその象徴的な情報機器なのです。

したがって、メーカースペースの図書館への導入は、図書館サービスの範囲を広げるための取組みの一つといえます。また公共図書館の存在意義を示すための戦略的な手段として考えられていると、とらえることもできます。

メーカースペースの存在は、書籍で満たされ静寂な雰囲気の中で利用者が読書に励むといったこれまでの図書館のイメージが、急速に失われつつあることを示しています。インターネットへの依存度の高まりとともに、紙媒体のレファレンス資料や雑誌の既刊号の多くが、ウィキペディアのようなウェブサイトやさまざまな種類のオンラインデータベースにとって代わられました。メーカースペースの設置によって米国の公共図書館は、また新たな変化に晒されることになったといえましょう。

米国では公共図書館や学校での遠隔通信サービスやインターネット環境の整備・充実を図り、

こうした技術を利用しやすくするために、連邦通信委員会（ＦＣＣ）の主導のもと国レベルの施策Ｅ－ｒａｔｅプログラムが、一九九六年に設定されました。このプログラムは、通信事業者へユニバーサル・サービス基金（Universal Service Fund）からの補助金を与えることによって、公共図書館や学校に対する遠隔通信やインターネット環境の整備費用および接続サービス費用を割引かせる一種の補助金制度です。米国の公共図書館は、Ｅ－ｒａｔｅプログラムによってインターネット環境を整備することができたのです(26)。そして、米国図書館協会はＥ－ｒａｔｅのさらなる充実を求めて、ＦＣＣへの積極的な働きかけを行なっています(27)。

1　IFLA 2014 eLending Background Paper. p.3.　http://www.ifla.org/files/assets/hq/topics/e-lending/documents/2014_ifla_elending_background_paper.pdf

2　OverDrive Marketplace User Guide. p.6.　http://company.overdrive.com/files/CR-User-Reference-Guide.pdf

3　IFLA 2014 eLending Background Paper. p.8-9.　http://www.ifla.org/files/assets/hq/topics/e-lending/documents/2014_ifla_elending_background_paper.pdf

4　伊藤倫子「電子書籍貸出サービスの現状と課題　米国公共図書館の経験から」『情報管理』二〇一五、五八巻一号、二八―三九ページ　http://doi.org/10.1241/johokanri.58.28

5　An open letter to America's publishers from ALA President Maureen Sullivan. American Library

Association. 2012-09-28. http://www.ala.org/news/2012/09/open-letter-america%E2%80%99s-publishers-ala-president-maureen-sullivan

6 「英国公共図書館における電子書籍貸出の試行プロジェクトが終了　図書館による電子書籍の貸出は書店にとって脅威となる?」『カレントアウェアネス』posted 二〇一五・六・九　http://current.ndl.go.jp/node/28637

7 「書店、出版社が図書館向け電子書籍貸出サービスへ望むこと　第二二回東京国際ブックフェア　イベントレポート」　http://internet.watch.impress.co.jp/docs/event/20150708_710775.html

8 ALA encourages next step in E-rate improvements. American Library Association. http://www.ala.org/news/press-releases/2014/07/ala-encourages-next-step-e-rate-improvements

9 Mayor Bill de Blasio, City Library Chiefs Announce Expansion of Library Hotspot Program Through Google Donation. http://www.nypl.org/press/press-release/december-2-2014/mayor-bill-de-blasio-city-library-chiefs-announce-expansion

10 「全国のＷｉ-Ｆｉが使用できる図書館人気ランキング（二四八件）」　http://www.tosyokan-navi.com/list_c_p/all/ure_wifi.html

11 伊東直登「塩尻市立図書館で３Ｄプリンター利用をスタート」『カレントアウェアネス-Ｅ』二〇一五、二九二号　http://current.ndl.go.jp/e1730

12 hon.jp「〔お知らせ〕日本国内の電子書籍発行点数、二〇一六年中に一〇〇万作品を突破する見込み」『DayWatch』　http://hon.jp/news/1.0/0/6460/

13 林　智彦「日本は電子書籍の「後進国」なのか？　―米国との差を「刊行点数」から推定」http://japan.cnet.com/sp/t_hayashi/35064650/

14 電子出版制作・流通協議会『電子図書館・電子書籍サービス調査報告二〇一四』ポット出版、二〇一四

15 「「徳島市電子図書館」で徳島の狸伝説をもとにした短篇集の電子書籍『ぽんぽこ―阿波の狸の物語プレ公開版』を公開」『カレントアウェアネス』posted 二〇一五・五・一八　http://current.ndl.go.jp/node/28484

16 文部科学省「図書館実践事例集～人・まち・社会を育む情報拠点を目指して～」http://www.mext.go.jp/a_menu/shougai/tosho/jirei/index.htm

17 「電子図書館サービスＴＲＣＤＬ」　https://www.trc.co.jp/solution/trcdl_jirei.html

18 「青空文庫早わかり」　http://www.aozora.gr.jp/guide/aozora_bunko_hayawakari.html

19 「安城市中央図書館、ＡＲ（拡張現実）を用いたナビゲーションアプリ「安城ＡＲナビ」を作成」『カレントアウェアネス』二〇一五・四・二七　http://current.ndl.go.jp/node/28378

20 「米国では九割以上の公共図書館が電子書籍を提供：米国の公共図書館の電子書籍の利用状況調査の二〇一四年版が刊行」『カレントアウェアネス』二〇一四、posted 2014.10.31.　http://current.ndl.go.jp/node/27353

21 Survey: Library Ebook Growth Slowing but Still Substantial.　http://www.thedigitalshift.com/2014/10/ebooks/survey-library-ebook-growth-slowing-still-substantial/

22　10 libraries exceed 1 million checkouts in 2014 through OverDrive.　http://blogs.overdrive.com/general/2014/12/30/10-libraries-exceed-1-million-checkouts-in-2014-through-overdrive/

23　eBook Use up 33% in 2014 in Libraries through OverDrive.　http://company.overdrive.com/news/ebook-use-up-33-in-2014-in-libraries-through-overdrive/

24　American Library Association supports makerspaces in libraries. American Library Association.　http://www.ala.org/news/press-releases/2014/06/american-library-association-supports-makerspaces-libraries

25　Books out, 3D printers in for reinvented US libraries, New Scientist.　https://www.newscientist.com/article/mg22329784-000-books-out-3d-printers-in-for-reinvented-us-libraries/

26　E-Rate and Universal Service. American Library Association.　http://www.ala.org/advocacy/telecom/erate

27　FCC E-rate action expands broadband opportunities for libraries. American Library Association.　http://www.ala.org/news/press-releases/2014/12/fcc-e-rate-action-expands-broadband-opportunities-libraries

8章 情報技術の動向と新たな動き
――国立国会図書館および関連機関

本章では、国立国会図書館、専門図書館と専門情報機関や協会、学校図書館などの各種図書館や情報関連機関における情報技術に関連した動きを紹介すると同時に、それぞれの機関が持っている課題や問題点について考えてみたいと思います。また、博物館・文書館など他の館種の文化機関などとの連携について、これまでの取り組みを振り返る中で、課題や問題点について、さらに今後のあり方について考えてゆきます。

1　国立国会図書館

国立国会図書館は一九四八年に日本における唯一の国立図書館として設立されました。国立国会図書館法で「図書及びその他の図書館資料を蒐集し、国会議員の職務の遂行に資するとともに、行政及び司法の各部門に対し、更に日本国民に対し、この法律に規定する図書館奉仕を提供する」となっているように、国会や行政への情報支援と国民全体に対して図書館としてのサービスを提供することが目標となっている他の図書館とは異なる特徴を有しています。このことが、以下で述べる国立国会図書館の情報提供やサービスの在り方に大きく反映しているといえます。

まず、表8-1で、情報技術の面から国立国会図書館の歩みを振り返ってみましょう。

一九六九年という早い時期に業務機械化準備室を設置し図書館業務のコンピュータ化の検討に入り、一九七二年にはその第一号の成果として、コンピュータ編纂で『会議録総索引』（五八～六〇国会）を刊行しています。これは、初めてのコンピュータでの漢字処理の成果でもあるようです。一九八一年には、国内刊行出版物のコンピュータ目録であるJAPAN／MARCを民間で利用できるように販売し、一九八八年にはそのCD-ROM版であるJ-BISCを公開しています。実際の販売製作は日本図書館協会が担いました。

一九九〇年代半ばになると、インターネットの民間への開放とウェブの登場で、図書館を取巻く情報環境は急速に変化してゆきました。このような変化に対応して、国立国会図書館も表中にあるように、パイロット電子図書館プロジェクト事業の開始、雑誌記事索引カレント版をCD-ROMで提供、ホームページを公開、和図書オンライン閲覧目録（OPAC）の提供を開始、デジタル貴重書の公開、国会会議録フルテキスト・データベースの提供など、多くの新たなことに取組んできました。

一九九〇年代の後半には社会のデジタル化、ネットワーク化への対応は個別的・部分的なものに

表 8-1　国立国会図書館の情報技術に関連した歩み

年	事項
1969	業務機械化準備室設置
1970	電子計算機室新設
1972	機械編纂による『会議録総索引』（58 ～ 60 国会）刊行（電算機漢字処理第 1 号）
1981	JAPAN/MARC 頒布開始
1988	J-BISC 刊行（JAPAN/MARC の CD-ROM 版制作発売は日本図書館協会）
1994	パイロット電子図書館プロジェクト事業開始
1994	『NDL　CD-ROM　Line』頒布開始（雑誌記事索引カレント版）
1996	国立国会図書館ホームページ公開
1997	和図書オンライン（OPAC）提供開始
1998	デジタル貴重書展公開
1998	国会会議録フルテキスト・データベース国会への試行提供
2002	電子ジャーナルの利用提供開始
2002	レファレンス共同データベース実験事業開始
2003	ＮＤＬ－ＯＰＡＣの書誌データ総件数が 1000 万件を突破
2006	近代デジタルライブラリーに明治期刊行図書を追加
2007	デジタルアーカイブポータル（ＰＯＲＴＡ）提供開始
2010	国等のインターネット資料の収集開始
2011	国立国会図書館デジタルアーカイブシステムによる歴史的音源の提供
2012	国立国会図書館サーチ提供開始
2013	東日本大震災アーカイブ（ひなぎく）正式公開
2014	Dnavi サービス終了

（国立国会図書館小史（http://www.ndl.go.jp/jp/aboutus/outline/history.html）を参照して作成）

限定されていました。しかし、二〇〇〇年代に入ると、社会の情報化は一層の進展を見せました。インターネットのさらなる普及や高速化の進展、また、ウェブの普及とウェブ自身の双方的なウェブ、いわゆるウェブ２・０への進化などを背景に、図書館はさらなる対応を迫られたといえます。

そのような環境の中で、国立国会図書館は二〇〇二年に電子ジャーナルの利用・提供を開始し、レファレンス協同データベース実験事業を開始しています。二〇〇三年にはＮＤＬ－ＯＰＡＣの書誌データ総件数が一〇〇〇万件を突破し、二〇〇六年に近代デジタルライブラリーに明治期刊行の図書を追加し、二〇〇七年にはデジタルアーカイブポータル（ＰＯＲＴＡ）の提供を開始しました。二〇一〇年には国等のインターネット資料の収集を開始し、二〇一一年には国立国会図書館デジタルアーカイブシステムによる歴史的音源の提供など、内部資料のコンピュータ処理の発展を背景に、時代の要望に対応しさまざまなサービスをネット上で展開してきました。

一方では、利用者は多様なサービスがそれぞれ異なるインターフェースで提供されるため、必要な情報をさまざまなサイトで、異なる検索方法で探索する必要がありました。このような時期に、多様な情報へのアクセスの入り口として、二〇一二年に、国立国会図書館サーチの提供が開始されました。その後、二〇一三年には東日本大震災アーカイブ（ひなぎく）が正式に公開され、二〇一四年には旧来のナビゲーションサービスであったDnaviサービスが終了し、新しい検索インターフェイスである「国立国会図書館サーチ」に統合されました。

新たな検索インターフェイス「国立国会図書館サーチ」

国立国会図書館は、二〇一二年に、新たな検索インターフェースとしての「国立国会図書館サーチ」を開始しました。４章では「国立国会図書館サーチ」を図書館システムとの関連で紹介しましたが、ここでは、国立国会図書館の提供する新たな検索サービスとしての側面から見て行くことにしたいと思います。

国立国会図書館サーチは、４章や６章で紹介した資料のデジタル化の進展の中で、デジタルであるか印刷物であるかを問わずに国立国会図書館および協力機関が扱える情報のすべてに、利用者を案内できる仕組みとしてスタートしました。出版社など他の機関の持つデータを収集し、セントラルインデックスを作成し、効率的な情報検索を目指している「ウェブスケールディスカバリ」（６章を参照）と同様のことを実現することを目指したものともいえます。そのため、国立国会図書館サーチで検索できる情報は、国立国会図書館のＯＰＡＣデータベースやデジタルアーカイブなどに限定されずに、全国の公共図書館、公文書館、美術館や学術研究機関等が持つデータベースやデジタルアーカイブなども検索対象になっています。

国立国会図書館サーチでは、検索の際に、基本的な検索機能に加えて、次のような特徴的な機能も付与されています。例えば、あいまいな表現から資料を探す機能、出版者や出版年・判型を変えて何種類も刊行されたような図書をまとめて表示する機能、英語や中国語・韓国語の資料を

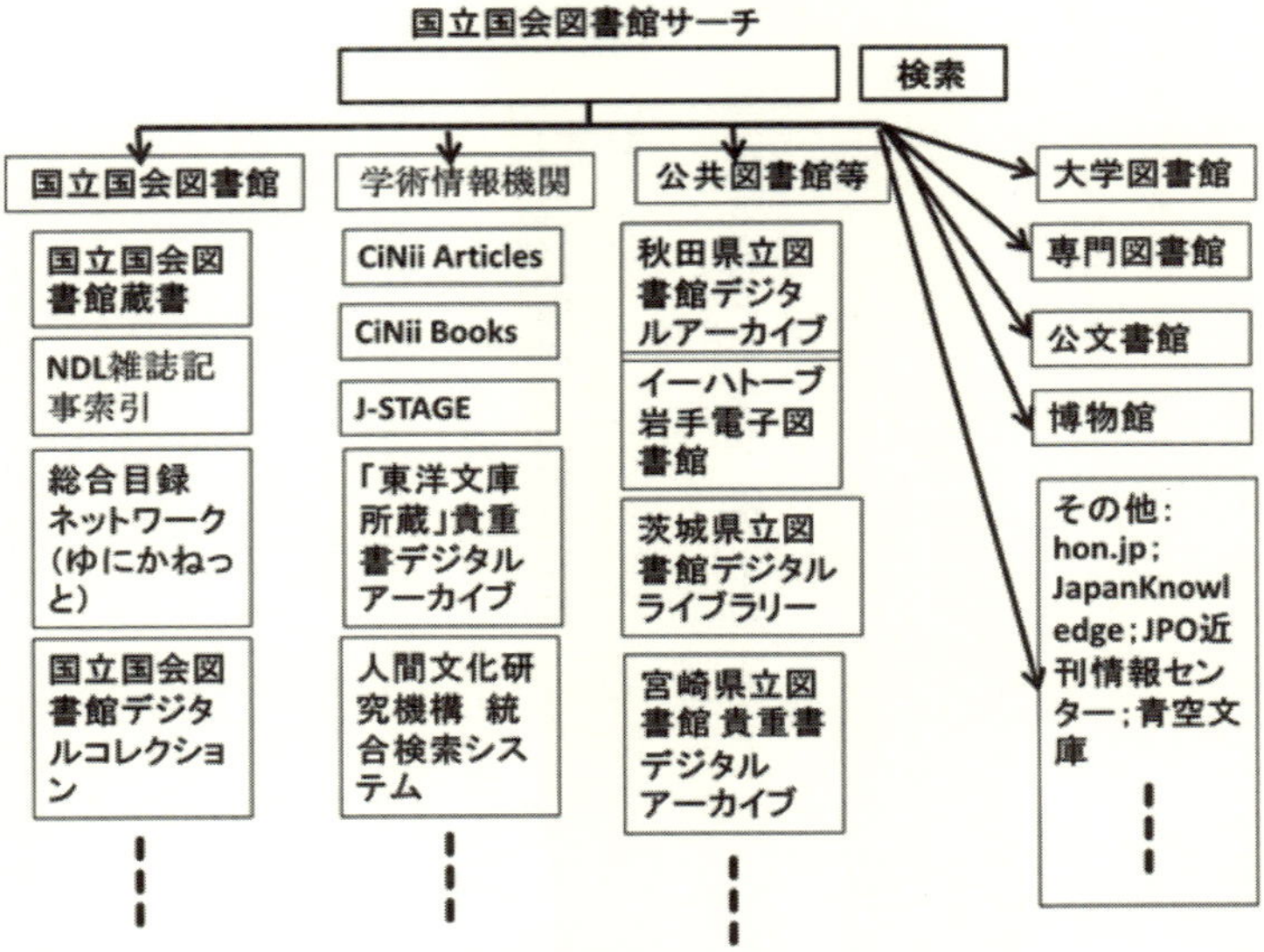

図 8-1　国立国会図書館サーチの連携先
（国立国会図書館サーチの検索対象データベース一覧（http://iss.ndl.go.jp/information/target/）を参照して作成）

探す場合に便利な翻訳機能、よく利用する図書館などを設定して個人に合わせてカスタマイズできる機能などが利用できます。これらの機能は、大量の情報の中から求める情報に迅速かつ的確にアクセスできるように工夫されたものといえます(1)。

　国立国会図書館サーチの大きな特徴は、図8-1にあるように、国立国会図書館の持つ多くのデータベースやデジタルコレクションなどの情報を統合的に提供するにとどまらず、学術情報機関、公共図書館、大学図書館、専門図書館、公文書館、博物館など多様な機関が持つデータベースやデジタルコレクションのメタデータを収集してセントラルインデックスで統合的な検索を可能としていることにあります。メタデータの収集ができないところとは、横断検索で統一的な検索を可能としています (2)。

国立国会図書館サーチでのメタデータは、「国立国会図書館ダブリンコアメタデータ記述（DC－NDL）」に準拠しています。DC－NDLは、メタデータ記述に用いる語彙の国際標準であるダブリン・コアに独自の拡張を加えています。また、これらのメタデータを他の機関や個人でウェブサービスや研究開発等に利用できるように、国立国会図書館サーチの書誌メタデータを、データの自動収集によってメタデータを交換するためのプロトコルであるOAI－PMHで提供しています。

国立国会図書館とデジタルアーカイブ

国立国会図書館は，表8－1のように、一九九四年ごろからパイロット事業として電子図書館プロジェクト事業を開始しました。二〇〇二年には、電子図書館サービスを中心的な機能とする関西館が開館しました。その後、「近代デジタルライブラリー」の公開、インターネット資源の選択的収集事業（WARP）、データベースナビゲーション事業（Dnavi）、各種の電子展示会などを開催しました。

二〇〇七年には、全国の各種デジタル情報資源をまとめて検索できる国立国会図書館デジタルアーカイブポータル（ＰＯＲＴＡ）を開始しました。これはこの当時、インターネットの普及により、文化遺産のデジタル化とその公開が社会的にも大きな関心を呼んでいる時期で、二〇〇四年に文化庁と総務省が連携して、博物館や美術館を中心とした「文化遺産オンライン試験公開版」を開始していました。そのようななかで、ＰＯＲＴＡは、全国の図書館との連携だけでなく、博物館や文書館などとの連携も目指していました。二〇一〇年には、政府機関のホームページなどの長期的保存のためのＷｅｂ情報の収集も開始されました。

デジタルアーカイブシステムは、インターネット情報をサイト単位で収集・保存するシステム、デジタルコンテンツを著作別で収集・保存するシステム、大規模なファイルシステムを保有する電子書庫から構成されています。デジタルコンテンツを著作別で収集・保存するシステムは、従来は、貴重書データベース、近代デジタルライブラリー、児童書デジタルアーカイブなどの個別データベースとして公開していましたが、現在は「国立国会図書館デジタルコレクション」に統合されており、単独でもあるいは国立国会図書館サーチからも利用ができるようになっています(2)。

インターネット情報をサイト単位で収集・保存するシステムとしての国立国会図書館インターネット資料収集保存事業（ＷＡＲＰ）は、二〇一〇年から、国立国会図書館法に基づいて国の機関、地方自治体、独立行政法人、国公立大学などの公的機関のウェブサイトを継続して収集していますので、過去のウェブサイトを閲覧することができます。民間のウェブサイトでも公益法人、私立大学、政党、国際的・文化的イベント、東日本大震災に関するウェブサイト、電子雑誌などは発信者の許諾を得たものが収集・保存されています。

新たな検索インターフェイスである国立国会図書館サーチの背景となっているシステムはオープンソースソフトウェアや外部のWebサービスなどを積極的に活用することで、国立国会図書館でのみ利用されるシステムではなく、公共図書館やその他の機関などでも将来利用可能なシステムを目指して開発されました(1)。

基本となるシステムには4章で紹介した日本で開発されたオープンソースの統合図書館システムであるNext-L Enjuが採用されました。その他にも、インターネット・アーカイブが開発したウェブアーカイブのためのウェブクローラーでフリーソフトウェアライセンスにより自由に利用できるHeritrix、Apacheソフトウェア財団が開発・公開している大規模データを効率的に分散処理・管理するためのソフトウェアHadoop、国立情報学研究所連想情報学研究開発センターで開発された連想検索エンジンであるGETAssoc、オートマティック社のブログを作成・管理するためのソフトウェアであるWordPressなどのオープンソースソフトウェアも使用してシステムが構築されています(3)。

このようにして、開発されたオープンソースソフトウェアが将来的には公共図書館、専門図書館、学校図書館あるいは大学図書館等などで幅広く利用されるようになることを期待したいものです。

2　専門図書館等

専門図書館はその当初より情報を扱う機関として位置づけられていたこともあり、その時代の先端技術を比較的早く取り入れることが多かったようです。特に、情報検索技術なども含めて情報技術の導入には早くから積極的であったといえます。そのため、マイクロフィルム検索、パンチカード検索、オフライン検索、オンライン検索など、他の図書館種に比較して、積極的に導入してきたといえます。専門図書館には利用できる技術はなんでも取り入れるという積極的な面が古くからあったようです。それは、ひとつには専門図書館が図書館であると同時に情報センターの機能をあわせ持つことにあるといえましょう。専門図書館が扱う資料の多くがデジタル化するであろう将来においては専門図書館の機能と役割の再構築が今後の課題となるであろうと指摘されています(4)。

しかし、結局のところ得られた「情報」を活用するのは「人」であること、膨大なデータの中から必要な情報を選択し、「培ってきた知識に新たな知見を加えること」が研究者の仕事であり、それを支えるのが専門図書館の役割であるとすれば、その為すべき業務はただ目先の情報技術を追いかけることだけではないと指摘しています(5)。

二〇〇〇年代になると、専門図書館で扱う情報や資料のデジタル化の進展に伴い、図書館員から情報専門家へというような呼びかけが、米国で始まり、わが国でも同じような試みが行なわれました。青柳は、企業図書館における情報専門職に振り向けられる人材、予算など限られた経営資源を有効に配分・活用するため、企業図書館における情報専門職の職務内容の実態把握を行ない、職務の実施状況と専門性の評価状況の観点から情報専門職の職務内容を分析しました(6)。その結果、二〇〇六年当時の情報専門職の評価として、アンケート調査の結果から、「情報技術を使った検索」は「専門性の評価と実施率が高い」職務であると評価されているが、その他の職務は重要度の高い職務としての要件を満たしていないと報告しています。さらに調査から、「利用者の要求に応じた情報の加工・分析」の重要度が高まっていることが明らかになったとしています(7)。

図書館員や情報専門家がそれぞれの分野ごとの課題を解決しお互いの交流を図るために、専門情報の全分野を対象とする専門図書館協議会のほかに、専門分野ごとに協会あるいは協議会などを組織して活動しています。例えば、医学、薬学、農学、病院などそれぞれの専門分野ごとに日本医学図書館協会、日本薬学図書館協議会、日本農学図書館協議会、日本病院ライブラリー協会などそれぞれの専門分野での特徴を生かした活動を行っています。また、情報専門家の集団でもある情報科学技術協会により、科学技術振興機構と共同し「情報プロフェショナルシンポジウム」などの活動が行われています。

今後は、専門図書館と専門情報に関係する様々な組織間での連携が一層発展することを期待したいものです。

3　学校図書館

学校図書館は、学校教育に必要な図書その他のメディアを収蔵しています。現代社会における情報化の進展は、学校教育にも大きな影響を与えており、学校教育の現場にパソコンなどの情報機器が導入されてきました。近年では、さらに、教科書や教材のデジタル化が進められており、電子教科書や電子黒板、あるいはiPadなどのタブレットやスマートフォンなどの携帯端末の学校教育での利用の試みも始まっています。

日本の学校教育は、どちらかといえば知識の習得に重きが置かれ、教科書中心の教材で行なわれることが多く、ビデオ・テレビなどの視聴覚メディアの利用が少ないといわれてきました。その後、一九八〇年代以降は、徐々に、学校図書館へも視聴覚メディアやパソコンなどの情報機器の導入が進展してきました(8)。

近年は、学校図書館を、メディア・情報リテラシー教育の拠点、また、学校内の学習情報センターとして発展させてゆく必要があるのではと言われるようになりました。このような発展の方向は、日本だけでなく、世界の各国でも同じように考えられ、取り組みがなされています。翻って、わが国では、二〇一四年に学校図書館法が改正され、新たに学校に学校司書を置くよう努めなければならないと規定されました。しかし、新たに配置される予定の学校司書の専門的な職務内容については、検討が十分とはいえない状況です。学校図書館の情報化を遅らせている要因として、学校内で縦割りの校務分担、教養的な読書活動の重視、活字メディアへの偏重などの傾向があったとの指摘もあります（9）このような中でも、「授業に役立つ学校図書館活用データベース」のように、各地の学校図書館での授業との連携事例を集めて経験を交流して、学校図書館が授業との連携をより深める取組みが試みられています（10）。今後、電子教科書や電子黒板などの導入による教育の情報化への流れに、学校図書館は積極的に関与してゆくことが大切であると考えられます。

4　博物館・文書館など各種の文化機関などとの連携

二一世紀に入って、博物館、図書館、文書館のそれぞれで資料や展示物のデジタル化が進むにつれて、館種を越えた相互の連携がますます求められるようになっています。もちろん、その連携の具体的な内容は、そのときどきの連携の規模や目的、あるいは提供する情報の内容や分野などにより異なります。そのため、連携プロジェクトの規模や具体的な内容により対象となる利用者も異なることも多く、そのときに必要となる技術的な要望は必ずしも同じではありません。

博物館や文書館と図書館は、文化的な機関としての共通点はありますが、従来は、利用者は各人の目的に応じて、所在地に出向いて利用してきました。もちろん、現在もこのような来館利用は、それぞれの館にとって重要なサービスですが、近年の情報技術の発展により、それぞれの館あるいは館種ごとに、利用者の要望に応えるために書物・文書あるいは絵画などの所蔵物の情報をデータベース化して、来館者あるいは遠隔地からの利用を可能とする取組が増加しています。さらに、近年は書物や絵画などの所蔵物をデジタル化し、画像や映像としてネットワーク上で閲覧できるような取組もされています。

現在は、ネットワーク上での情報の提供や利用の形態もより双方向的になり、スマートフォンなどでフェイスブックやツイッターなどを利用する人も増え、日常的により多くの人がネット上での情報交換に参加するようになっています。

このような社会全体の変化に対応して、それぞれの館でウェブでの新たなサービスに積極的に取り組むところが増えています。もちろん、新規のサービスはそれぞれの館の目的を実現するための手段ですので、それぞれの館ごと、あるいは連携したグループごとに、どのようなシステム技術を導入することが最適なのかの検討が大切になっています。

二〇〇八年に発表された図書館、文書館、博物館間の連携の現状に関する報告(11)では、①館種を超えての展示会などの共同開催やフリーパスの発行など従来からの活動の延長線上での連携プログラム、②コンテンツのデジタル化およびデジタル情報やコンテンツのオンライン提供での連携プログラム、③施設の共同利用や完全統合の連携プログラム、に大きく分類しています。

二番目の「コンテンツのデジタル化およびデジタル情報やコンテンツのオンライン提供での連携」プログラムは、情報技術との関連が大きい新たな連携の領域といえます。館種を超えた連携プログラムを考えるうえで、地理的規模により、①世界規模でのプログラム、②大陸規模でのプログラム、③国家規模でのプログラム、④地方・地域におけるプログラム、などに大きく区分して検討する必要があるとしています。さらに、連携プログラムの規模やその目的により、各館で作成されたデジタル情報や資源の共有のための技術的な課題も異なりますので、図書館・文書館・博物館の館種を超えてデジタル資源を共同作成するには、事前の準備や調整が大切であるとしています。

欧米での図書館・文書館・博物館の館種を超えてのデジタル資源の共有化の動きを受けて、わが国でも、二〇〇八年に、全国の博物館・美術館の収蔵品などのデジタルコンテンツを統合的に提供する「文化遺産オンライン」が正式公開になりました。

また、現在は国立国会図書館が提供する国立国会図書館サーチに統合されましたが、二〇〇七年には、わが国のデジタルアーカイブ情報全体へのナビゲーションを提供する総合的なポータルサイトを目指して、国立国会図書館デジタルアーカイブポータル（ＰＯＲＴＡ）が開始されています。

人間文化研究機構に参加している研究機関が提供するデジタルコンテンツを横断検索できる「研究資源共有化システム」が、二〇〇八年から公開されるなどの取り組みがされてきました。

現在は、機構を構成する六研究機関などの一〇〇を越えるデータベースと国立国会図書館サーチを、一括して横断検索することができるようになっています。

このように、わが国においても、さまざまな館種を超えた連携が模索されてきました。しかし、現状では文化庁が提供する「文化遺産オンライン」に参加しているのは、博物館と美術館のみであり、一方で、国立国会図書館が提供する国立国会図書館サーチでは、図書館が中心で、公文書館や博物館の収録は極めて限定されています(12)。

欧米では、博物館、図書館、文書館のすべての館種が参加したEuropeanaなどのデジタル資源の共有ポータルの試みがすでにスタートしています。

わが国で博物館、図書館、文書館のすべての館種を超えてのデジタル資源の共有ポータルを構築するためには、技術的な課題のみではなく、組織的な課題もあるのでしょうが、今後は、図書館・文書館・博物館などのサービス機関と、それを支える大学や研究機関との連携がますます大切な課題となっています。

あらゆる知識と文化遺産の保存は社会全体の共通の関心事であり、今日、図書館・博物館・文書館などが直接提供する文化遺産情報やデジタルコンテンツ以外にも、多くの文化遺産情報やデジタルコンテンツがさまざまな組織や個人によりインターネット上で公開されています。

すでに、4章や6章でも紹介しましたが、二一世紀になって双方向的なネットワークサービスが普及するなかでも、図書館・文書館・博物館などの情報提供機関における情報処理システムはどちらかというと従来の館内業務システムを中心としたものに留まってきました。現状では、利用者サービスに重点を置いたシステムの構築が十分ではないといえます。そのため、日頃からグーグルなどの検索サービスに親しんでいる利用者からみると、図書館・文書館・博物館が行なっている利用者向けサービスは時代から遅れているととらえられているといえます。現在は、大学や研究所での研究プロセスに深くかかわれる「次世代の図書館システム」が求められているといえましょう。このような図書館システムが求められているのは、教育機関や研究機関における学術情報の交換方法が従来の出版を中心とする方向から、デジタル環境での電子的な情報交換や共有化の方向へと変化していることを反映しているともいえましょう。次世代型図書館システムの構成のため示されたこれらの方向性は、図書館だけにとどまらず、デジタル化の進展の中で、博物館や文書館などとのネット上での連携の上で、大きな役割を果たしてゆくと考えられます。さらに、今後は、図書館・文書館・博物館などの情報提供機関間の提携にとどまらず(13)、より幅広い市民や団体、民間企業との連携も視野に入れて進めることが大切な時期に来ているといえましょう。

1　原田隆史「国立国会図書館サーチとディスカバリインタフェース」『カレントアウェアネス』二〇一二、三一一号、http://current.ndl.go.jp/ca1762

2　中山正樹「国立国会図書館におけるデジタルアーカイブ構築―知の共有を目指して」『情報管理』

二〇一一、五四巻一一号、七一五-七二四㌻、 http://dx.doi.org/10.1241/johokanri.54.715

3 国立国会図書館「サーチのシステムについて」 http://iss.ndl.go.jp/information/system/

4 戸田光昭「テクノロジーの変化と専門図書館の役割」『図書館界』二〇〇〇、五一巻五号

5 逸村裕「学術情報と専門図書館—情報技術の進展への対応」『薬学図書館』一九九四、三九巻二号

6 青柳英治「企業内専門図書館における情報専門職の職務に関する一考察」『日本図書館情報学会誌』二〇〇七、五三巻三号

7 青柳英治「企業内専門図書館の現状とこれから：図書館運営と利用者サービスをもとに」『専門図書館』二〇一五、二七一号、二一-八㌻（特集 企業図書館のいま：生き残りのヒントを探して）

8 全国学校図書館協議会編『学校図書館メディアの構成』全国学校図書館協議会、二〇一〇（シリーズ学校図書館学2）

9 河西由美子「デジタルコンテンツと学校図書館」『学校図書館』二〇一五、七七三号、一六-一八㌻

10 東京学芸大学「授業に役立つ学校図書館活用データベース」 http://www.u-gakugeiac.jp/~schoolib/

11 ヤロウ、アレクサンドラ　クラブ、バーバラ　ドレイパー、ジェニファーリン『公立図書館・文書館・博物館：協同と協力の動向』垣口弥生子　川崎良孝訳、京都大学図書館情報学研究会、二〇〇八

12 長塚隆「MLAにおけるデジタル情報技術の活用」『図書館・博物館・文書館の連携』日本図書館情報学会研究委員会編、勉誠出版、二〇一〇（シリーズ・図書館情報学のフロンティア 一〇）

13 松永しのぶ「図書館、ミュージアム、文書館の新たな連携に向けて—報告」『カレントアウェアネス』二〇一三、三一三号 http://current.ndl.go.jp/e1407

9章　図書館を介した利用者サービスへの情報技術の影響

1　利用者行動や図書館の使い方の変化

図書館への情報技術の導入が急激に進むにつれ、図書館活動・サービスは、大きな影響を受けるようになりました。とくに利用者サービスに及ぼす影響は、利用者自身の行動の変化もあって、きわめて大きいといえましょう。また、来館するか否かにかかわらず図書館の使い方にも、従来とは異なった特色が出てきているように思われます。

インターネット環境では、利用者のデジタル資源へのアクセスの仕方に変化が生じています。たとえば研究者や学生は、各種の書誌データベースや自館の目録データベースにアクセスするよりも、グーグルやグーグルスカラーに先ずアクセスする傾向が顕著になっており、これらを定期的に使用する研究者は、非常に多いと思われます。またブログやSNSの活用も盛んになったといわれます。さらに、ノートパソコンやタブレットなどの携帯型の情報機器の使用も、日常的になっています。そして、来館せずにインターネットを介して図書館サービスを受けようとする利用者は、著しく増加していると思われます。

したがって、図書館サービスの方法も館外からのアクセスに十分応えられるようにしなければなりません。とくに携帯型情報機器の愛用者への対応が、非常に重要になっているといえましょう。たとえば、ウェブサイトやＯＰＡＣ等への携帯端末からのアクセスにおいても、利便性が確保されている必要があります。

利用者がこれまではなかったやり方で図書館の蔵書検索システムにアクセスしたために生じた事件として大きな話題になったのが、二〇一〇年に起きた岡崎市立中央図書館事件です(1)。この図書館の蔵書検索システムでは新着図書の入架日が特定できないことに不満をもった利用者が、入架日を特定するプログラムを作成して本システムにアクセスしたのです。その結果不具合が生じて、他の利用者が蔵書検索システムを利用できなくなる事態が発生しました。

この事件には、図書館が利用者ニーズを把握していなかった点にも問題があります。情報技術に長けた利用者が多くなっているのですから、図書館は利用者が図書館をどのように使いたいのかを常に意識している必要があります。そのためには、利用者とのコミュニケーションを密にしておくことを心がけるべきでしょう。こうした環境の変化に図書館がどのように対処して、利用者や社会のニーズに応えることができるかが、図書館の将来を占う鍵となっているといえます。

近年は、デジタル資料へのアクセス頻度など、これまでは入手することが難しかった利用者行動に関するデータの入手が可能になっています。また分析手段も充実しています。図書館は今後積極的にこうしたデータを活用して利用者ニーズを的確につかみ、サービスの質をあげるように努力することが求められます。

2　今後重視すべきサービス

図書館は、情報技術の普及、利用者行動の変化、利用者や社会からの新たなニーズに積極的に対応していかねばなりません。それには既存のサービスの質を高めるだけではなく、新たなサービスを提供していくことも重要です。これからの図書館が力を入れるべき利用者サービスとして、ディスカバリーサービス、研究支援と密接に結びつくサービス、教育・学習支援などがあげられます。

学習・教育支援のあり方は、ラーニング・コモンズが存在する機関では、ラーニング・コモンズとの関連で考えることも必要です。また情報機器環境の整備も重視すべきサービスと関連させて考えるべきでしょう。たとえば、ラーニング・コモンズを場所の観点からとらえる場合は、どのような情報機器・装置を図書館に備えるかが非常に重要になるからです。

これまで図書館が行なってきた図書や雑誌などの資料提供、レファレンス、検索サービスの提供は、もちろん研究支援であり教育・学習支援でもあることは、論をまちません。しかし、情報技術の進歩・普及は、これまでよりも深いレベルでの支援活動やサービスの必要性をもたらしています。したがって、従来の支援活動・サービスを一層充実させるだけではなく、新たな活動・サービスにも乗り出さねばなりません。新たな観点から研究者支援、学習者支援を考えることが、求められているのです。たとえば、わが国の大学図書館でも学習・教育支援に関して種々の試みがなされています(2)。

ウェブスケールディスカバリーサービス

図書館が提供するデジタル資源には、電子書籍、電子ジャーナル、データベース、機関リポジトリに収録された種々のデジタルコンテンツなどがあります。利用者がこうしたデジタル資源から情報を探すには、多くの場合それぞれ固有の検索システムを使用しなければなりません。つまり収録対象やコンテンツの形態などの違いによって、検索システムやサービスの使い分けが、求められるのです。これは、利用者が情報を探す際の利便性を著しく損ないます。そこで、もしこれらの資源を検索するための索引（インデックス）を一つに統合し、同一のインターフェイスで異なった種類・形態・形式の資源を検索できるようにすれば、情報検索の利便性は格段に高まります。

こうした意図を実現したサービスが、二〇〇九年に開始されたといわれる(3)ウェブスケールディスカバリーサービスです。単にディスカバリーサービスともよばれます。このサービスは、異なった資源を総合的に探すことによって、単独の資源では発見できなかった情報が得られるであろうことも、意図しているように思われます。

ウェブスケールディスカバリーサービスを利用する際の問題点として、ベンダーが提供する中身が明確でないことがあげられます。たとえば、どんなコンテンツが含まれているのか、抄録や本文まで検索できるのか、表示されているメタデータがどのデータベースに由来するのか、なぜこういう表示になっているのかなどが、曖昧であるとのことです(4)。

また、ウェブスケールディスカバリーサービスで提供されるコンテンツには、その時点では所蔵されていない(入手できない)ものも含まれますので、利用者に対してアクセス可能性の有無や対処の仕方を知らせる必要があることも、問題点といえます。しかし、その結果アクセスはできないが利用要求は高いコンテンツを知ることができますので、利用者主導型購入方式(Patron-Driven Acquisitions、PDA)とよばれる選書方式(5)の採用をもたらすという点で、利点にもつながります。

デジタルコンテンツの量は今後ますます増加し、その多様化もさらに進行すると考えられますので、ウェブスケールディスカバリーサービスの欠点に目を向けるのではなく、その利点や可能性を重視することが重要でしょう。したがって、テキサス州立図書館・公文書館委員会(Texas State Library and Archives Commission:TSLAC)によって示されたディスカバリーサービスの現状やベストプラクティス(3)は、今後図書館がどのようにこのサービスを展開していくべきかを検討するための参考となると思われます。

テキストマイニングやデータマイニングの支援

情報技術の普及は、研究領域の拡大、新たな学問領域の発生をもたらしています。こうした領域のうち、図書館が直接かかわると思われる分野が、デジタル人文学（デジタルヒューマニティーズ、digital humanities）[注1]です。

デジタル人文学が新たな研究分野として脚光を浴びるようになっていることからも類推できるように、近年科学技術分野だけではなく、社会科学や人文科学分野でも多量のデジタル形式のデータを分析・解析して新たな知見を得ようとする活動が盛んになってきました。こうした活動でよく使用される手法・方法として、データマイニング（data mining）[注2]やテキストマイニング（text mining）[注3]があります。

研究者がテキストマイニングやデータマイニングを行なう際には、マイニングの対象としたいテキストやデータの使用許諾を得ることが通常必要になります。しかし使用許諾の申請や交渉は簡単ではなく、種々の問題が生じることが考えられます。

テキストマイニングでは多量のコンテンツを必要としますが、これまでの電子ジャーナルの購読契約では、テキストマイニングに必要な量をダウンロードすることは通常できません。しかし研究活動としてデジタル人文学の一端を担うテキストマイニングの重要性を考えれば、なんとかダウンロードができるようにしなければなりません。

出版社からテキストマイニングを行なう許諾を得る作業は、研究者自身が行なう、図書館と研究者が共同して行なう、図書館が代行する、の三つが考えられます。しかしこうした業務を研究者やそのスタッフが彼ら自身で的確に行なうことは、難しいと思われます。むしろこれまで雑誌の新規購読や継続購読に関して出版社等と種々の契約交渉を行なってきた経験・実績をもつ図書館が担当するか、あるいは研究者を支援するかたちで行なう方が、うまくいく可能性が高いといえます。図書館は、著作権の許諾処理やライセンス処理などで出版社との交渉に長年携わってきたからです。

したがって、図書館の新たな業務として、許諾手続やその作業に深くかかわることが考えられます。このような業務は、研究活動を積極的に支援する図書館の能力や役割を示す新たな機会であり、図書館の新たな利用者サービスとして、今後重要になると考えられます。

テキストマイニングが行なえる環境を整備するためには、少なくとも次の二つが必要になります。こうしたプロセスは、データマイニングについても同様にあてはまります。違うところは、後者が必要とするのがデータ集合であり、その所有者が通常は出版社ではない点です。
①図書館は、電子ジャーナルの購読契約を結ぶにあたって、図書館の利用者がその雑誌の論文をテキストマイニングする権利を契約書に含める。
②大量のコンテンツをダウンロードする際に知っておくべき事項（著作権や契約事項など）

について、利用者を対象にガイダンスやアドバイスを行なう。

テキストマイニングやデータマイニングを行なうためには、さまざまな手法・技術やコンピュータプログラムが必要といわれています。またテキストマイニングの場合、いつ出版社からの許諾を必要とするのか、必要とするコンテンツの種類や量、研究内容、考えられる研究成果などを、研究者から知らせてもらうことが、図書館と出版者との間の交渉で必要になると思われます。

多量のテキスト等をテキストマイニング等のために使用したいとの研究者のニーズをとらえて、エルゼビア社は、テキスト等を商用サービスとして提供する際の方針を示しています。しかし、欧州図書館協会や国際図書館連盟等は、①コンテンツ全体へのアクセスに個別の契約が必要であること、②コンテンツのクローリングが禁止されていること、③この方針自体が研究活動の妨げになることを指摘して方針撤回を求めています(6)。テキストマイニングやデータマイニングが、デジタル人文学等の分野において極めて重要な研究手段であることを考えれば、エルゼビア社の方針が研究活動の障壁となるのではなく、推進する方向を志向することが望ましいといえましょう。

注1　デジタル人文学　デジタル人文学は、コンピュータ処理技術を使用して人文科学分野の調査、研究、教育を行なう分野です。たとえば、デジタル化された文学作品や古文書等の歴史的資料の内容を定量的に分析・解析することによって、新たな知見を生み出す試みがあげられます。また、デジタルアー

カイブの構築もこの分野の活動例といえます。デジタル人文学で使われる分析手段の一つとして、テキストマイニングがあげられます。

注2　データマイニング　統計的手法やパターン認識などの分析・解析手法を使用して大量のデータのコンピュータ処理を行なうことによって、新たな事実や知見を得る手段です。これまで未知であった事実や新しい知識を発見的（heuristic）に得ることを目指すものです。あたかも鉱脈からいろいろ苦労して貴重な金属を見つけ出すのと同じ意味合いを持つといえます。データマイニングが盛んになった背景として、コンピュータ処理技術のレベルが著しく向上したことと、大量データの蓄積が容易になったことが、あげられます。

注3　テキストマイニング　マイニングの対象がデジタル化された大量の書籍や文献などのテキスト（コンテンツ）で、データマイニングの一種と考えられます。テキストを単語や文節の単位で認識し、その出現頻度や複数単位間での共出現頻度や相関、出現傾向などを解析することで、有用な情報を得ようとする分析方法です。書籍の中でのことばの使われ方を手掛かりにして、著者が不明な書籍の著者を同定する試みは、テキストマイニングの一例です。

3　情報機器利用環境の整備

現在では、館種を問わず、情報機器利用環境の整備が不可欠になっています。図書館における情報機器利用環境には、図書館での研究・学習活動が円滑かつ効果的に遂行できるように高度な情報技術を取り込んだ施設や機器の設置・維持することと、情報機器の貸出しが考えられます。

高度な施設・機器の設置

わが国の公共図書館でのＷｉ－Ｆｉ環境の整備は、現時点ではとても十分とはいえません(7)。しかし、近い将来には多くの図書館でＷｉ－Ｆｉ環境が整備され、パスワードの入力を求められることなく、自由にＷｉ－Ｆｉが使用できるようになると思われます。その結果、利用者は図書館のウェブサイトを介して得たコンテンツやデータと外部情報機関にアクセスして得たコンテンツやデータを関連させて処理し、新たな情報・知識を得ることができます。図書館のウェブサイトはよく使われていますので、ウェブサイトの一層の充実は、不可欠です。またデジタルカメラの使用を認めることは、図書館が所蔵する資料の利用とつながるだけではなく、新たな研究・学習成果をもたらしますので、積極的に対応することが望まれます。

米国では図書館へのメーカースペースや３Ｄプリンターの導入が盛んに行なわれているようですが、わが国の導入例はわずかです。メーカースペースを導入する利点は、利用者が自分でモノを作る過程を経ることによって、主体的に知識・技術を学ぶことができる点にあります。したがって、新たな研究支援・学習支援の方策として、また公共図書館の新たな利用者サービスとして、導入を検討する価値はあると思われます。

研究・教育分野によっては固有の情報機器が必要になることがありますので、図書館が研究・教育支援の一環としてそうした機器を備えることは意義があるといえます。徳島大学図書館では生命科学系学生の画像情報処理を支援するために、無線ＬＡＮ環境の整備とタッチパネルディスプレイ装置を設置しています(8)。

利用者個々の特性に合わせた情報サービスは、今後ますます重要になると思われます。たとえば、オンラインで教育を受けている人をどう支援するか、ＭＯＯＣの履修者をどう支援するかなどです。情報機器利用環境は、こうした動きに十分対応できるものでなくてはなりません。

図書館をコンテンツやデータが得られる場所として考えるのではなく、そこで利用者が研究活動や学習活動ができる場所として考えると、高度な情報技術を取り込んだ施設や機器の設置・維持は不可欠といえるのです。

情報機器の貸出し

これまで図書館は書籍、雑誌、ビデオなどの資料を貸出してきました。とくに資料の貸出しは利用者サービスの中核をなすものでしたが、デジタル化の時代になりますと様相が変わってきました。物のかたちをとる資料の貸出しは、利用者サービスとしてこれまでと同じように存在はします。しかし、電子書籍や電子ジャーナルの利用が増大するにつれて、紙媒体資料の提供サービスの重要性は、わが国でも今後低下する方向に向かうでしょう。

一方、情報機器を貸出すサービスは拡大していくように思われます。これまでにもノートパソコンや電子書籍端末等を貸出す例はありました。たとえばわが国では、長野県の原村図書館が近代文学二〇〇冊を登録した端末の館外貸出し(9)、東京都立中央図書館が館内での端末の貸出し(10)、香川県のまんのう町立図書館が青空文庫を収納した端末一〇〇台の館外貸出し(11)を行なっています。

米国では貸出す機器の種類が増加しているようです。たとえば、ノースカロライナ州立大学図書館ではこれまでノートパソコン、タブレットやスマートフォン、デジタルカメラ、電子書籍端末などの貸出しを行なっていましたが、最近ではアップルウォッチを貸出しているとのことです(12)。

ノートパソコン、デジタルカメラ、電子書籍端末などは、研究や学習に必要なコンテンツの検索・入手・処理に直接かかわる機器ですので、利用者サービスとして貸出すことは理解できます。しかし乏しい図書館予算や一般的な利用者ニーズの傾向を考えれば、アップルウォッチの貸出しは妥当とはいえないように思われます。新技術の開発・普及と繋がるサービスを目指しているノースカロライナ州立大学図書館固有の事情があるのでしょう。

今後情報機器の貸出しに対するニーズは、高まることが考えられます。大学図書館の場合は研究・教育プロジェクトとのかかわりで、公共図書館の場合は地域社会のニーズとのかかわりで、方針を決めることになるでしょう。また、情報機器のメーカーとの協力関係を確立することによって、財政的な負担を軽減することを考えることも必要になると思われます。

4 デジタルリテラシー教育

情報リテラシー教育、利用者教育などの名のもとに、図書館の使い方や紙媒体を中心とする資料の使い方などに関する知識の提供は、利用者サービスの一つとしてこれまで行なわれてきました。その重要性は現在でも不変です。たとえば、大学図書館が授業の一環としてこの種のサービスを提供し高い評価を受けた事例があることは、それを物語っています。

国立大学図書館協会が発表した高等教育のための情報リテラシー基準二〇一五年版では、情報リテラシーは「高等教育の学びの場において必要と考えられる情報活用能力」、すなわち「課題を認識し、その解決のために必要な情報を探索し、入手し、得られた情報を分析・評価、整理・管理し、批判的に検討し、自らの知識を再構造化し、発信する能力」と定義されています。

デジタル社会の到来は、こうしたサービスをデジタル資料の領域にまで拡大することを余儀なくさせました。したがって、現在では情報リテラシー教育よりもデジタルリテラシー教育という用語を使用する方が妥当といえましょう。なお、デジタルリテラシーには情報リテラシーも含まれますが、重点はデジタル資料や情報技術に置かれると理解すべきでしょう。

デジタルリテラシーは、情報技術やデジタル資料をいかにうまく使いこなすかの知識だけではありません。情報技術を使用する際に留意しなければならないことや、情報技術の使用がもたらす問題についても扱う必要があります。したがって、デジタルリテラシー教育は、次の二つの面からとらえることができます。

まず、図書館の使い方に加えて、デジタル資料や紙媒体資料であるかどうかにかかわらず、さまざまな資料やコンテンツの種類・使い方そして各自が収集した資料・データを管理するツールの使い方などに関する知識の提供です。また情報技術や情報サイトに関する知識の提供も重要です。たとえば現在インターネット上ではITPro、CNET Japanなど多種・多様な総合情報サイトが情報源として使われています。しかしその種類・特徴・品質の全貌を的確に把握するのは、至難の業といえます。とくに品質に関しては、どの程度信頼がおけるのか定かでないものもあり得ます。紙媒体資料での参考図書とは信頼度が大きく異なるのです。個人が独自に調べたデータがアップロードされていることもあります。したがって、インターネット情報源の特徴・品質およびデータの新鮮さなどに十分注意して、情報サイトを使用することが望まれます。インターネット情報源の特徴を利用者に知らしめることは、図書館の重要な役割といえましょう。

コンテンツやプログラムの作成・利用にかかわる知識・倫理、さらには利用者がかかわる種々のシステムのセキュリティーに関しても、その重要性を認識してもらうことが必要です。また現実に生じている、あるいは生じ得る違法行為や問題点の実態を伝えることも重要です。たとえば、著作権や肖像権などコンテンツを所有する人たちの権利、情報利用におけるプライバシーの尊重や契約の順守などがあげられます。5章で言及しました公貸権や忘れられる権利などについての知識の提供も、必要でしょう。

二つ目の側面として、情報技術がもたらす負の要素および情報技術を使用するにあたって生じる問題や事件が最近話題になることが多くなりましたので、利用者がこうした問題等にこれまで以上に強い関心を持つようにすることが求められます。デジタルリテラシー教育として、この面の重要度は、ますます高まっているといえます。5章で取り上げたグーグルブックス訴訟、HathiTrust 訴訟について知ることは、デジタルコンテンツの作成者だけではなく、利用者にとっても意味があるといえます。

さらに度を超した多量のダウンローディングの問題も、デジタルリテラシー教育において無視できないテーマです。図書館が電子ジャーナルを購読する場合には、ダウンロードができる量などその利用の仕方について契約を結びます。そして出版社はコンテンツの利用状況を常にモニターしており、過度に多量のコンテンツがダウンロードされるなど契約と異なる使われ方がなされていることが確認された場合、その図書館からのアクセスを遮断することがあります。

しかし著作権や図書館が結んだ利用契約に疎い利用者の中には、利用契約に反するコンテンツ利用を無意識・無自覚に行なう人がいます。その結果、図書館が気づいた時にはアクセスが遮断され、他の利用者が多大な迷惑を被ることがあります。こうした事態が生じないようにするために利用者の問題意識を高めることも、デジタルリテラシー教育として必要でしょう。

5　データ管理

データの利用・再利用に関する意識は、これまでは低かったといえますが、近年学術界において研究成果として生まれた科学データの情報資源としての重要性が強調されるようになったため、新たな動きが見られるようになりました。雑誌論文や図書などと同じように、後日での利用が容易となるようにデータを管理することが望まれるようになっているのです。とくに政府等公共機関からの資金を使用した研究の結果得られた科学データ・数値データ等の場合は、後日での利用を保証する手立てが不可欠となりつつあります。

後日での利用を保証するためには、データが図書館、機関リポジトリ、データセンタなどで的確に管理される必要があります。そのためには、たとえばデータの出所、生産日、分野、種類、保存場所、保存の仕方、保存方針などにかかわるメタデータを整備しなければなりません。プライバシーにかかわるデータや機密性の高いデータもあるかもしれません。またデータ管理に携わる機関間でのメタデータの標準化も必要になります。さらにデータ管理が国際的なレベルでなされる場合、どこの国の法律が適用されるかも大きな問題です。したがって、データ管理にあたっては、従来のコンテンツの管理よりも注意深い取組みが必要と思われます。

図書館がこれまで数値データ・科学データのような情報資源の大々的な収集・蓄積・保存に携わることは、ほとんどありませんでした。しかしこれからはデータ管理にもっと関与することが望まれるでしょう。図書館がコンテンツの処理に長年培ってきた知識やノウハウは、データ管理にも十分適用できるからです。

データの利用者への提供にあたっては、使用許諾、ダウンロードにかかわる各種手続き、データの引用の仕方などを検討しなければなりません。地道な作業があってこそ、利用可能性が保証されるからです。図書館は、こうした作業に関して大きな役割を演じることができます。研究活動の成果として生産される多量のデータの管理は、これから図書館の重要な仕事となるでしょう。

デジタルアーカイブの管理もデータ管理の一つとして考えられます。デジタルアーカイブは近年種々の機関で作成され、重要なデジタル資源となっています。デジタルアーカイブを利用した利用者サービスも、今後ますます盛んになると思われます。しかし、これまで苦労して作成されてきたにもかかわらず、現在は全く利用されていないデジタルアーカイブもあるようです。これは、研究あるいはその一環として作成されたデジタルアーカイブによく見られる現象といえます。

データベースの構築がブームであった時代に作成されたデータベースの中には、現在その所在が不明であるものやソフトウェアの陳腐化によって使用できなくなっているものが非常に多いといわれています。デジタルアーカイブがその轍を踏まないようにしなければなりません。そのためには、デジタルアーカイブの維持・管理の重要さにもっと目を向ける必要があります。図書館がこうした仕事にも取組んで利用者サービスの向上を図ることは、意義があるといえます。

1 「岡崎市立中央図書館事件」『ウィキペディア』 https://ja.wikipedia.org/wiki/

2 文部科学省「大学図書館における先進的な取り組みの実践例―大学の学習・教育・研究活動の質的充実と向上のために」 http://www.mext.go.jp/b_menu/shuppan/sonota/attach/1314099.htm

3 Kabashi, Arta. Peterson, Christine. and Prather, Tim *Discovery services : A white paper for the Texas State Library & Archives Commission.* 2014. https://www.tsl.texas.gov/sites/default/files/public/tslac/lot/TSLAC_WP_discovery_final_TSLAC_20140912.pdf

4 林豊「ディスカバリー・サービスの透明性向上のためになすべきこと」『カレントアウェアネス－E』二〇一四、二六六号 http://current.ndl.go.jp/e1604

5 林豊「大学図書館に広がる電子書籍の Patron-Driven Acquisitions」『カレントアウェアネス－E』二〇一二、二一八号 http://current.ndl.go.jp/e1310

6 井上奈智「エルゼビア社のテキスト・データ・マイニング方針とその論点」『カレントアウェアネス－E』二〇一四、二六五号 http://current.ndl.go.jp/e1599

7 「全国のＷｉ－Ｆｉが使用できる図書館 人気ランキング（二四八件）」 http://www.tosyokan-navi.com/list_c_p/all/ure_wifi.html

8 徳島大学「ＩＣＴ機器を活用した学修支援 タッチディスプレイ・タブレット端末が開く新しい学習の扉」 http://www.mext.go.jp/component/a_menu/science/detail/__icsFiles/afieldfile/2015/09/01/1361416_01.pdf

9 原村図書館「電子書籍ＲＥＡＤＥＲ体験してみませんか?」 http://www.vill.hara.nagano.jp/wwinfo/detail1.jsp?pan=1&id=3457

10 東京都立図書館「一二月一八日（水）から都立中央図書館内で電子書籍を利用できます。ビジネスに、就活に、資格試験準備に、便利な約二四〇タイトルを選びました。」二〇一三 http://www.library.metro.tokyo.jp/home/news/tabid/2287/Default.aspx?itemid=784

11 楽天「香川県「まんのう町立図書館」、電子ブックリーダー「kobo Touch」を一〇〇台導入」『楽天ニュース』二〇一三 http://corp.rakuten.co.jp/news/press/2013/0531_01.html

12 Now Lending: The Apple Watch. *NCSU Libraries News,* May 8, 2015. http://news.lib.ncsu.edu/blog/2015/05/08/now-lending-the-apple-watch/

10章　各種の情報サービス機関が図書館に及ぼす影響

図書館活動・サービスは、博物館や文書館のような類縁機関の他に、種々の外部情報機関と関係があります。そして、そこでの活動やサービスを適切に把握することによって、図書館活動・サービスを円滑に遂行することができたり、その質を高める（付加価値をつける）ことができたりします。また、外部情報機関が図書館と競合する場合、あるいは図書館の活動を大なり小なり規定する可能性がある場合には、対処の仕方を考えなければなりません。

外部情報機関が図書館に及ぼす影響には、直接的なものと間接的なものとがあげられます。前者には、図書館活動・サービスを援助・支援するものと、それと競合するあるいはそれを規定するものとが考えられます。

図書館活動・サービスの援助・支援とかかわる代表例は、文部科学省、国立国会図書館、国立情報学研究所です。5章で言及しましたグーグルブックスやHathiTrust、さらには3章で言及しました非営利団体インターネット・アーカイブやデジタルアーカイブとしても機能するＪＳＴＯＲ[1]は、図書館が提供するデジタル資源の拠り所として機能しますので、図書館の活動に正の影響を及ぼすと考えられます。一方、営利機関による電子書籍配信サービスは、図書館活動を規定する例としてあげられます。

間接的な影響を及ぼす機関の影響度はさまざまです。グーグルで代表される情報検索サービスは、競合機関としてまた情報源の一つとして、図書館にとって無視できない存在です。インターネット書店とよぶことができるアマゾンのような電子書籍の販売業者のビジネスは、図書館の活動に負の影響を及ぼす可能性があります。かつて貸本屋が一世を風靡した時代がありましたが、デジタル社会では、インターネット書店による電子書籍配信サービスが、それにあたるといえましょう。一方青空文庫は、多くの人たちに読書の楽しみを与える側面が強いことを考えれば、公共図書館が青空文庫と連携するなどの可能性を模索するのは、意義があると思われます。後述する情報処理推進機構の活動は、図書館にとって今後ますます重要になるでしょう。

1　直接的な影響を及ぼす外部情報機関

図書館活動・サービスに最も大きな影響を及ぼすのが、電子書籍ビジネスといえそうです。わが国での電子書籍ビジネスは、国内企業から構成されるものと、海外企業との連携で展開されるものとがあります。電子書籍ビジネスにかかわる機関間の関係は、かつてのデータベースサービスでの関係に基本的に類似しているといえます。つまり出版社はデータベース作成者、配信サービス会社はデータベースサービス業者に相当します。わが国の電子書籍貸出しサービスに大きな影響を及ぼすと思われますのは、以下の機関です。

大日本印刷、日本ユニシス、図書館流通センター、丸善

図書館における活動やサービスを行なうための処理システムは、情報技術の進歩によって大きく様変わりしました。とくに電子書籍の貸出しを管理するためのシステムが複数の企業で開発・提供されており、図書館への導入が進んでいます。大日本印刷、日本ユニシス、図書館流通センター、丸善の四社が共同で開発し二〇一四年から提供されているクラウド型の新たな電子図書館サービスは、その一例です(2)。

このサービスでは電子書籍の配信を管理するだけではなく、電子書籍の提供も併せて行ないます。既存の図書館システムとの連携機能も強化されているとのことです。また、個々の図書館が独自にもつ地域資料の管理・発信機能も備えているとのことです。本サービスの販売は、主として図書館流通センターが公共図書館、丸善が大学図書館を担当しています。両者ともそれぞれ電子書籍配信サービスを展開していましたので、既存のシステムを利用していた図書館にとっては、システムのリニューアルととらえることができます。

システムのリニューアルあるいは新システムの導入にあたって注意しなければならないのは、旧システムとの整合性です。紙媒体資料も含めて既存のシステムで管理されていた資料やコンテンツと新システムでのコンテンツとが一元管理できるか否かは、利用者の利便性を確保するために非常に重要であるからです。

日本電子図書館サービス

日本電子図書館サービス（Japan Digital Libraries Service、JDLS）は、講談社、KADOKAWA、紀伊國屋書店の出資によって設立された会社で、二〇一五年四月に図書館向け電子書籍配信サービス「LibrariE（ライブラリエ）」を開始しました(3)。日本電子図書館サービスは、ライセンス契約によって配信期間や回数を限定したアクセス権として電子書籍を販売します。アクセス権販売モデルは、ワンコピー・ワンユーザ型（一度には一人のみに貸出し可能（紙媒体書籍の複本がない状況に相当）で、二年間または五二回の貸出しができるモデル）、ワンコピー・マルチユーザ型（一冊の電子書籍を同時に多数の利用者に貸出すモデル）、都度課金型（貸出しの都度課金されるモデル）の三つです。本サービスでも、郷土資料等図書館独自のデジタルコンテンツを、LibrariE を介して貸出しできるようにアップロードする機能があるとのことです。

楽天、OverDrive 社、メディアドゥ社

楽天は、電子商取引や金融などをビジネスとする総合インターネットサービス企業ですが、デジタルコンテンツ事業も展開しています。図書館と関連する事業には、インターネット書店の楽

天ブックスによる書籍のインターネット販売が知られていますが、電子書籍に基づくビジネスへの取組みを本格化させています。その動きを象徴するのが、電子書籍端末と電子書籍を販売するカナダの企業であるコボ（Kobo）社を二〇一二年一月に、またデジタルコンテンツを世界的規模で配信するOverDrive社を二〇一五年四月に、それぞれ子会社化したことです(4、5)。

楽天は、コボ社の技術・システムに基づいて電子書籍端末と日本語書籍の提供を、OverDrive社を介して洋書の提供をそれぞれ図ろうとしていると考えられます。さらに、両社のビジネスを受けついで、わが国だけではなく世界的レベルで電子書籍にかかわるサービスを展開することも、意図していると思われます。わが国の図書館への影響は、今後かなり大きくなることが予想されます。

一九八六年に設立されオハイオ州のクリーブランドを本拠とするOverDrive社は、デジタルコンテンツ（電子書籍、オーディオブック、音楽、ビデオなど）を世界的規模で配信する最大手として君臨してきました。このデジタルコンテンツ配信サービスでは、ランダムハウス社やハーパーコリンズ社など五〇〇〇以上の出版社から提供された二〇〇万以上のタイトルが利用できます。世界で合計三万以上の図書館、学校、大学が導入しているとのことです(6)。米国では非常に多くの公共図書館で利用されています。しかし後述するメディアドゥ社と業務提携してサービスを展開しているわが国では、二〇一五年時点で潮来市と竜ケ崎市の公共図書館へ導入されているにすぎません(7)。

メディアドゥ社は、デジタル著作物をインターネット上で流通させるために必要な技術の開発、運営・運用のためのノウハウの構築に携わる、電子書籍ディストリビューターです(8)。二〇一四年五月にOverDrive社と戦略的業務提携を行ない、OverDrive社の英語・多国語言語コンテンツの国内配信、国内コンテンツのOverDrive社を通じた海外配信に乗出すと共に、国内で電子図書館サービスも開始しました(9)。

また、メディアドゥ社は、国内の公共、大学、学校図書館向けの電子図書館サービスを提供する準備の一環として、二〇一四年一一月から慶應義塾大学メディアセンターと協同の実証実験を行なっています(10)。本実験では、電子図書館システムが大学図書館で利用される際の課題をさぐることを目指しています。この実験がどのような結果をもたらし今後どのように生かされるかは、現時点では不明ですが、日本語と英語の違いなどから生じるデータ処理の難解さを考えれば、この実験結果が、わが国の図書館に適ったシステムの構築に何らかの示唆を与えることが望まれます。

紀伊國屋書店

紀伊國屋書店は、OCLCとは事業的に深いつながりがあり、日本代理店としてOCLCサービスの販売・支援を行なってきました。二〇〇二年にサービスを開始した電子書籍配信サービスNetLibraryもその一つでした。NetLibrary事業は、二〇一三年三月にOCLCからEBSCO

Publishing に移管されましたが、紀伊國屋書店は、EBSCO Publishing と新たな契約を結び、その後も NetLibrary サービスの提供を続行しています。

NetLibrary から提供される電子書籍には、洋書だけではなく和書も含まれます。これは二〇〇七年一一月から、OCLCの NetLibrary サービスで日本語の電子書籍の本格提供が開始されたからです。二〇一五年時点では、日本および世界の主要な出版社（一五〇〇社）や大学出版局の学術書、レファレンス、専門書、一般書など全体で七〇万点以上を提供しており、その分野はビジネス・コンピュータ・教育・医学・薬学・健康・歴史・人文・科学・技術など多岐にわたります(11)。また、これらの電子書籍は、学部生・大学院生を主な対象としたもののことです。

わが国の図書館での NetLibrary 導入館の合計は、二〇一五年九月時点で三五七館であり、そのうち公共図書館は四館、企業の図書館が二〇館、大学図書館が三三三館となっています(12)。提供する電子書籍の特色から大学図書館が中心になるのは、当然といえましょう。

カーリル社

現在わが国の多くの公共図書館では、館外からインターネットを介して所蔵データや貸出し状況をチェックしたり、予約したりすることができるようになっています。しかし、こうしたサービスは、都道府県や市町村のような行政単位でなされています。そのため、たとえば横浜市民が横浜市立図書館には所蔵されていない図書が、他のどこの公共図書館に所蔵されているのかを探すのは、簡単ではありません。この問題を解決するには、複数の行政単位の公共図書館を対象に、その所蔵データ等を横断検索するシステムが必要になります。

カーリル社は、全国の図書館の蔵書データと貸出し状況を簡単に検索できるサービスを、二〇一四年一〇月から運用しています。カーリルの画面での検索の流れは、次のようになります(13)。

①カーリルの画面で書名や著者名を示すキーワードを入力する
②該当すると思われる図書のリストが表示される
③「蔵書あり」ボタンをクリックする
④所蔵館のリストが表示される
⑤リスト中に示されている所蔵館の「予約ボタン」をクリックする
⑥インターネットで直接その図書館にアクセスしたときの画面が、表示される

これ以後の処理は、直接図書館にアクセスした場合と同じですので、実際に図書を予約する場合には、当然ながらその図書館の利用者番号とパスワードの入力が必要です。なお、図書を検索する際に地名を入力すると、その場所から近い図書館を自動的に選択して検索します。

カーリルは公共図書館を対象とした全国的な総合目録といえます。このサービスではアマゾン等の書誌データベースも同時に検索しますので、図書館にない図書であってもその図書の書誌データを見ることができます。また、図書館サイトからカーリルにリンクを貼ると、ＯＰＡＣで

の検索結果表示画面からカーリルの画面にとぶこともできます。野田市立図書館のOPACがその例です。

文献管理ツール提供企業

近年における学術情報の急激な増加や電子化の進展によって、研究者や学生が研究や学習のために自分で管理すべき資料・データも著しく増加しました。そのため、今まで以上に効率的な文献管理が必要となっています。文献管理は今に始まったことではなく、古くは各種のカードやワープロソフトなどを用いて行なわれてきました。しかし、電子ジャーナルの普及、紙媒体資料のデジタル化の進展によって学術情報の種類・量の増大、フォーマットの多様化が進行するにつれ、文献管理の必要性がさらに高まりました。

文献管理ツールとは、論文や図書を中心としたさまざまな文献のメタデータとフルテキストを手軽に管理・整理することができるソフトウェアやサービスのこと(14)といわれます。そして文献管理ツールの最も基本的な機能として、①メタデータの取り込み、②メタデータの管理・閲覧、③参考文献リストの作成などがあります(14)。

これまで大学図書館は、主として資料やデータの検索・提供サービスを通じて研究者や学生の研究・学習活動を支援する役割を担ってきましたが、今日では新たな支援策の一つとして文献管理の支援があげられるようになりました。

こうしたニーズを受けて、複数の企業で開発されたさまざまな文献管理ツールが、わが国でも多くの大学図書館へ導入されるようになったといわれます。代表的な文献管理ツールとして、トムソン・ロイター社のEndNoteやEndNote Web、RefWorks社のRefWorks、エルゼビア社のMendeleyがあげられます(14)。

大学図書館は、文献管理ツールの導入に関して適切に対応することが求められます。まず、なぜ文献管理ツールを導入するのか、導入する場合には、どの企業のどのような文献管理ツールが適切かの決定があげられます。有料のものだけではなく無料のものも存在します。またそのツールの今後の発展性なども考慮する必要があるかもしれません。次に導入にあたっての対処です。利用者向けの講習会は不可欠でしょうし、文献管理ツールが円滑に機能するための技術的環境の整備も重要です。

外部情報機関から提供されるサービス、システム、ツールは、必ずしも個々の図書館の事情や特色に合ったものではありません。したがって、図書館は外部機関から導入するシステム、サービス、ツールが自館の活動・サービスにどのような影響を及ぼすかを常に考えることが必要です。

2　間接的な影響を及ぼす外部情報機関

日本オープンオンライン教育推進協議会

日本オープンオンライン教育推進協議会は、米国でのＭＯＯＣ（Massive Open Online Course）の動きを受けて、わが国での大規模なオンラインオープン講座を産学協同で連携・推進しようとする組織で、サイトgacco（ガッコ）を提供しています。その登録数は、二〇一五年一月一五日時点で一〇万人を突破したとのことです(15)。

ＭＯＯＣ自体の効果、運営などに関していろいろ疑問が生じていますので、ＭＯＯＣが今後どうなるかわかりませんが、仮にわが国でＭＯＯＣがある程度定着した場合には、大学図書館や公共図書館が学習支援に携わることが期待されます。オンライン教育に図書館がどのようにかかわるかは、重要な検討課題といえましょう。

情報処理推進機構

インターネット環境では、図書館がサービス妨害攻撃（Denial of Service Attack、ＤｏＳ攻撃）などの種々の情報技術的犯罪に巻き込まれる危険性は、皆無ではありません。したがって、図書館のウェブシステムに何らかの障害が生じた場合、それが外部からの攻撃なのかあるいはシステムの欠陥によるものなのかを、判断しなければなりません。そのためには、図書館のシステム担当者が、ＤｏＳ攻撃のようなサイバー攻撃に関する基本的な知識を持つとともに、適宜必要な情報を専門機関から入手できる体制を、確立する必要があります。

こうした情報を提供する機関としてあげられるのが、わが国におけるＩＴ国家戦略を技術面・人材面から支えるために設立された、経済産業省所管の独立行政法人である、情報処理推進機構（Information-technology Promotion Agency, Japan、ＩＰＡ）です。９章で述べました岡崎市立中央図書館や、吹田市立図書館のような事件(16)が生じないようにするためには、情報処理推進機構からだされている、ＤｏＳ攻撃への適切な対応を示した「手引き」(17)、ウェブアプリケーションの脆弱性を診断する「ウェブ健康診断仕様」(18)、「安全なウェブサイトの作り方」(19)などを参照することが求められるのです。

BitLit 社

カナダのバンクーバを本拠とするBitLit社は、紙媒体の本を所有している人を対象に、その電子版を無料もしくは割引価格で提供するサービスを行なっています。電子書籍の利用・購入が一般的になるにつれ、紙媒体の本とその電子版の両方を所有する人たちが増加しているからと思われます。両方を所有する人が増加している理由としては、たとえば大部な本の場合、携帯する際にはデジタル版、自宅でゆっくり読むときは印刷版のように、使い分けることが、考えられます。

わが国でも、利用者が紙媒体書籍とその電子版を使い分ける例が見られます。たとえば、慶應義塾大学の学生を対象にした調査では、多くの資料を読む必要があるレポートの作成の際には電子版を活用し、授業などで指定された資料の反復利用、熟読や資料への書き込みを行なうためには紙媒体を使用する傾向が示されています[20]。

BitLit社のサービスは、利用者にとって印刷形態書籍とその電子版を使い分けることが必要な場合があることを示しており、利用者の書籍利用行動の変化を意味するように思われます。このサービスは出版社との連携事業ですが、これまですでに数十社と契約を結んでおり、二〇一四年一一月には、エルゼビア社とも契約を結びました[21、22]。これは、電子書籍の出現が新たなビジネスを生み出した一例ですが、図書館サービスにも影響をおよぼすことは、あり得ます。今後わが国においてこのようなビジネスがどうなって行くかは、注視する必要があるでしょう。

日本図書コード管理センター

日本図書コード管理センターは、日本出版インフラセンターの情報センター運営会議の下に位置している団体で[23]、ＩＳＢＮ国際機関（本部ロンドン）との契約に基づいて、日本国内におけるＩＳＢＮの発行と運用管理を独占的に委任された唯一の機関です[24]。

電子書籍の場合は、紙媒体書籍とは異なり、ＩＳＢＮの付与に関しては留意すべき点が多く、ＩＳＢＮの付与が容易でない状況にあります。その結果、ＩＳＢＮに基づく電子書籍の検索の効果は、紙媒体の場合に比較して低いといわれています。こうした状況を改善するために、ＩＳＢＮ国際機関が二〇一〇年一一月に「電子書籍とアプリに対するＩＳＢＮ付与のためのガイドライン」を公表したのを受けて、日本図書コード管理センターのマネジメント委員会は、「電子書籍へのＩＳＢＮの適用」を二〇一一年七月に公表しました(25)。

この文書から明らかなことは、以下の点です。

①ＩＳＢＮ付与の対象となるのは、読者の手に届く製品のみである。
②ファイル形式が異なる電子書籍が独立して利用可能ならば、異なるＩＳＢＮが付与される。
③書名およびファイル形式が同じでも、利用者向けの機能として著作権上の制限がある場合は、異なるＩＳＢＮが付与される。
④音声、映像その他のコンテンツがテキストに併録された電子書籍は、併録されない電子書籍とは異なるＩＳＢＮが付与される。
⑤仲介業者に委託して異なるファイル形式で発行する電子書籍に対しても、出版者自身がＩＳＢＮを付与する必要がある。
⑥一冊の図書を電子書籍として出版する場合でも、利用者が章単位または部分ごとに分割して入手できる場合は、それぞれの章、部分を固有の電子書籍とみなして、異なるＩＳＢＮが付与される。
⑦電子書籍のアプリがＩＳＢＮ付与の対象となるためには、テキスト等が主たる構成要素である場合に限る。ソフトウェア部分が異なるならば、異なるＩＳＢＮが付与される。

以上から、内容的には同じ作品と考えられてもＩＳＢＮが異なることは普通ですので、検索にあたってはＩＳＢＮの違いを十分意識することが必要となります。電子書籍では、作品の概念が紙媒体書籍の場合とは異なると考えるべきであるのかもしれません。

ジャパンリンクセンター

ジャパンリンクセンター（Japan Link Center、ＪａＬＣ）は、わが国で生産された学術コンテンツの書誌データを網羅的に収集し国内での利活用を促すと共に、世界からわが国の研究成果へのアクセス環境を向上することを目的として、二〇一二年に設立されました。科学技術振興機構、物質・材料研究機構、国立情報学研究所、国立国会図書館によって運営されています。

３章で記述しましたようにＤＯＩ（デジタルオブジェクト識別子）は、学術情報の流通において大きな役割を果たします。世界最大のＤＯＩ登録機関であるCrossRefでは、七〇四〇万以上の学術論文にＤＯＩを付与しています。しかし、わが国ではＤＯＩが付与されているコンテンツは、一五〇万程度と少数にとどまっています[26]。国内でのＤＯＩ登録は浸透しているとはいえません。その理由として、日本語文献の管理・流通体制の不備などが考えられます。とくに日本語で書かれた学術コンテンツへの永続的なアクセスと利便性の向上が、情報発信力向上の点からも望まれていました[26]。ジャパンリンクセンターはこうしたニーズに応えて、国内の学術コミュニケーションの事情に即したＤＯＩ登録・利用サービスを提供することを目指して設立されたのです。

ジャパンリンクセンターは、二〇一二年三月一五日にInternational DOI Foundationから、世界で九番目わが国では唯一のＤＯＩ登録機関（Registration Agency、ＲＡ）として認定されました。主として雑誌論文を扱うCrossRef、研究データを扱うDataCiteとは異なり、ジャパンリンクセンターは、雑誌論文と国内で刊行されるさまざまな形態の研究成果にＤＯＩを登録する方針をとっています。発行形態においては、大学紀要を含む定期刊行物（学術雑誌、学会誌等）の論文から書籍や報告書といった刊行物を、ＤＯＩ登録者においては、出版社・学会から大学にいたる多様な発行母体を、内容においては論文に限らず教育用コンテンツから研究データまで、広く網羅することを目指しています(27)。なお、ジャパンリンクセンターは、CrossRefとDataCiteの会員でもあります。

わが国での電子ジャーナルの発行を支援するシステムとして科学技術振興機構によって構築されたＪ－ＳＴＡＧＥは、ジャパンリンクセンターがＤＯＩ登録機関となったことを受けて、ＪａＬＣ ＤＯＩの登録を行なうことになりました。その結果、Ｊ－ＳＴＡＧＥ登載誌の全文献にＤＯＩが付与されることになり、国内の学術論文へのアクセスがより容易になりました。なお、これまでCrossRef ＤＯＩ登録を行なってきた資料および新規にＪＳＴＡＧＥに登載される英文誌については、引き続きCrossRef ＤＯＩの登録が継続されます(28)。

Digital Learning Metadata Alliance

電子書籍などデジタル形態で作成される資料の種類や量が近年著しく増加していますので、デジタル資源をいかに効果的・効率的に検索できるかは、ますます重要な検討事項になっています。デジタル資料の特徴として、探すための手がかりであるメタデータが紙媒体資料に比べて多様であることが指摘されているからです。そのため、もし全く異なった形態、形式、語彙のメタデータが無秩序に混在することになりますと、利用者が自分の欲しい資料を的確・迅速に検索することは、非常に困難になります。

したがって、それぞれの分野でその分野に適うメタデータを適切に作成するだけではなく、異なる分野間でのメタデータの相互利用性（互換性・変換可能性）を高めることも必要となります。これは異なったメタデータ体系を使用する団体間でのメタデータの同一化や調整を図ることが不可欠であり、それを促進するための組織や活動が必要であることを、示しています。

組織間でのメタデータに関することのような協力活動を円滑に行なうことを目指して作られたプロジェクトが、Digital Learning Metadata Alliance（ＤＬＭＡ）です。このプロジェクトは、メタデータの標準化にそれぞれ取り組んでいるDublin Core Metadata Initiative（ＤＣＭＩ）、国際電子出版フォーラム（International Digital Publishing Forum、ＩＤＰＦ）、IMS Global Learning Consortium の三機関の共同のもと、二〇一四年一〇月に立ち上げられました（29）。

図書館はこうした機関・プロジェクトの活動実態を積極的に知ることが望まれます。その結果、多様なデジタル資源の検索に精通する道が開け、利用者の検索ニーズに適切に応えることが可能になるからです。

1　ＪＳＴＯＲ　http://about.jstor.org/about
2　「大日本印刷、日本ユニシス、図書館流通センター、丸善　クラウド型電子図書館サービスを刷新、図書館と生活者の利便性向上へ」　http://www.dnp.co.jp/news/10092989_2482.html
3　日本電子図書館サービス（ＪＤＬＳ）「図書館のみなさまへ」　http://www.jdls.co.jp/library/index.html
4　楽天「カナダの電子書籍事業者 Kobo 社の買収に関するお知らせ」　http://corp.rakuten.o.jp/news/press/2011/1109_02.html
5　楽天「図書館向け電子書籍配信サービス事業者米 OverDrive 社の全株式を取得」　http://corp.rakuten.co.jp/news/press/2015/0319_01.html
6　Overdrive. Who we are.　http://company.overdrive.com/company/who-we-are/
7　「メディアドゥと OverDrive、OverDrive の電子図書館システムを国内で初めて公共図書館に提供」　http://www.mediado.jp/service/1210/
8　メディアドゥ　http://www.mediado.jp/about/
9　メディアドゥ「電子図書館プラットフォーム世界最大手 米国 OverDrive, Inc. との戦略的業務提携に関するお知らせ」　http://www.mediado.jp/corporate/1040/
10　メディアドゥ「慶應義塾大学メディアセンター（図書館）と国内初となる OverDrive 電子図書館システムの実証実験を開始」　http://www.mediado.jp/corporate/1133/
11　紀伊國屋書店「NetLibrary FAQ」　https://www.kinokuniya.co.jp/03f/oclc/netlibrary/netlibrary_ebook_

faq.htm

12　紀伊國屋書店へのインタビューによる。

13　カーリル「読みたいリスト」　https://calil.jp/list

14　林豊「大学図書館のサービスとしての文献管理ツール」『カレントアウェアネス』二〇一二、三一三号　http://current.ndl.go.jp/ca1775

15　「無料で学べる大学講座「gacco」の会員数が一〇万人を突破！　〜サイト開設後、一ヶ月で達成〜」　https://www.atpress.ne.jp/news/56128

16　「吹田市立図書館でサイバー攻撃騒ぎ、岡崎の教訓は活きていたか？」　http://takagi-hiromitsu.jp/diary/20130316.html#p02

17　「DoS攻撃への適切な対応、ＩＰＡが手引き公開、岡崎市立図書館の事例にも言及」『INTERNET Watch』　http://cloud.watch.impress.co.jp/docs/news/20101221_416164.html

18　情報処理推進機構セキュリティセンター「ウェブ健康診断仕様」　https://www.ipa.go.jp/files/000017319.pdf

19　情報処理推進機構セキュリティセンター『安全なウェブサイトの作り方』改訂第七版、二〇一五　https://www.ipa.go.jp/security/vuln/websecurity.html

20　岡本聖、入江伸「慶應義塾大学メディアセンター電子学術書利用実験プロジェクト報告—出版社・学生と大学図書館で創りだす新しい学術情報流通の可能性—」　http://www.jcul.jp/ojs/index.php/daitoken/article/viewFile/94/66

21 BitLit to Offer Ebook Bundles from Elsevier.　http://scitechconnect.elsevier.com/bitlit-to-offer-ebook-bundles-from-elsevier/

22 Elsevier offers DRM-free ebook-bundling through BitLit.　http://www.thebookseller.com/news/elsevier-offers-drm-free-ebook-bundling-through-bitlit

23 日本出版インフラセンター「日本出版インフラセンター（ＪＰＯ）とは」　http://www.jpo.or.jp/about/history.html

24 日本図書コード管理センター　http://www.isbn-center.jp/about/index.html

25 日本図書コード管理センター「電子書籍へのＩＳＢＮの適用」　http://www.isbn-center.jp/rule/02-02.html

26 Japan Link Center「Ja LC について」　https://japanlinkcenter.org/top/about/index.html#about_background

27 「ジャパンリンクセンターとは何か～ その成り立ちと基本方針 ～」　https://japanlinkcenter.org/top/doc/JaLC_policy.pdf

28 科学技術振興機構「Japan Link Center DOI 登録について」　https://www.jstage.jst.go.jp/pub/html/pdf/AY04S240.files/optout_JaLC_ja.pdf

29 Digital Learning Metadata Alliance Launched by Dublin Core, IMS Global and IDPF　http://idpf.org/news/digital-learning-metadata-alliance-launched-by-dublin-core-ims-global-and

11章　図書館が今後取組むべき課題

図書館が地域社会のハブとして、また研究・教育を支援する中核的な存在として、機能するためには、情報技術にかかわる側面に限っても、取組まねばならないことは非常に多いといえます。図書館を取巻く情報技術の進歩は日進月歩であり、図書館サービスのあり方に大きな影響を与えています。また、そうした技術を利用した新たな図書館関連ビジネスも、次々と生まれています。これは、図書館がマーケットとして魅力的であることの表れでしょう。さらに、図書館の設置母体である地域社会や大学等の状況も、大きく変化しています。

図書館を取巻く環境の変化は激しさを増していますので、図書館がその変化の渦の中に埋没しないようにしなければなりません。図書館の存在意義・役割が社会に十分評価されるように一層努めることが求められます。このような変化を受けて図書館は、どのような方向を志向すべきかを考える必要があります。

そのためには、今後取組むべきさまざまな課題を、明らかにしなければなりません。その多くは、新たな図書館の戦略の構築と図書館員の問題対処能力の向上にかかわるものといえます。そして、対処すべき具体的な課題は個々の図書館によって大きく異なりますが、以下に示す課題は、多くの図書館において無視できないと思われます。

1　図書館員養成のための体制の整備

図書館員養成には、現職者教育と新たに図書館員となる人のための教育とがあります。この二つは、明確に分離する必要があります。そして、図書館活動・サービスの現況を考えると、前者がはるかに重要であることは論をまちません。

公式の図書館員養成のための制度としてあげられるのは、司書資格取得のための教育ですが、教授内容は、現時点では新たに図書館員となる人を対象にしたレベルといえます。平成二四年四月に改定された司書資格取得科目を情報技術の面からみた場合の特徴は、旧科目での情報機器論がなくなり、新科目で図書館情報技術論が必修になったことです。しかし、新設された図書館情報技術論は、「図書館業務に必要な、ネットワークに関わるサービスに携わる際の前提となる最低限の用語や概念、ウェブページの構成・評価、個人情報の流出やウェブサイトの改ざんを防ぐための最低限の必要な知識等」(1)を教えるに過ぎません。

これでは現在の図書館を取巻く情報技術環境を踏まえたものとはいえません。これまでの司書課程や類似の図書館員教育では、新たに図書館員となる人がこれからの情報技術環境に対応することは、困難といえます。したがって、公式の図書館員養成は、一部の大学で行なわれている現職者を中心とした大学院レベルでの教育の中で、新たに図書館員になる人の養成をどう考えるかに着目せざるを得ません。

現職者教育は、大学院レベルでの公式な図書館員養成、オン・ザ・ジョブ・トレーニング、セミナー、シンポジウム、講習会、講演会、現職者研修、海外研修などを通じて行なわれています。国公私立大学の各図書館協会、国公私立大学図書館協力委員会、日本図書館協会、県立図書館などがさまざまな取組みを行なっており、外部の情報機関もセールス・プロモーションの一環として、セミナーなどを開催しています。こうした機会をとらえて、新しい知識・技術を獲得し状況・動向を把握することが求められます。

現職者教育の方法として、新しい知識・技術の習得とその実践があげられますが、図書館員の担当部署や職種によって学ぶべき事項は、異なると考えられます。したがって、学ぶべき事項、学ぶ順序、学び方についての方策と、研修などを介して新しい動きを学ぶ機会が十分保障される体制とを、確立しておく必要があります。この点で情報技術の進歩・普及に合わせた現職者教育は、非常に重要なのです。

上述した機会が生かされるようにするためには、各種のセミナー、研修、講習会等に図書館員が積極的に参加できるような環境づくりが不可欠です。それが図書館の将来を約束する大きな要因であるからです。しかし、人員の削減、雇用体系の変化、指定管理者制度の不備などによって、図書館業務の円滑な遂行に支障をきたしているような場合や、講習会等に参加するために必要な種々の経費を十分確保できないような場合は、参加するための環境づくりは難しくなるでしょう。そのような状況の下では、ウェビナー（ウェブとセミナーを組合せた造語）のようなインターネット上でのセミナーや会議等を、積極的に活用することが考えられます。

2　図書館員の問題対処能力の向上

図書館活動・サービスを展開する際に根幹となるのは、図書館員であり情報技術ではありません。このことは時代や社会が変化しても不変です。図書館員がいかに能力を発揮するかは、図書館の存在意義・役割に大きな影響を及ぼすのです。したがって、図書館員の問題対処能力の向上を図ることは、これまで以上に重要といえます。

時代によって図書館員が必要とする情報技術に関する知識は異なります。たとえば、データベース検索の揺籃期では、転置ファイルの概念を知る必要がありましたが、現在はほぼ不要です。一方、デジタル化やクラウド化にかかわる技術や知識、オープンアクセス、機関リポジトリ、クリエイティブ・コモンズ、リンクリゾルバ、DOIなどの概念は、学ぶ必要があるでしょう。

さらに新たに開発された技術、システム、サービスに関する知識の獲得や、それらの動向に関する情報の入手も必要です。図書館の活動やサービスに必要な資料・資源の多くが、インターネット上で得られるようになりました。伝統的な資料論があまり役に立たない時代になったことに対する危機意識も持たねばなりません。9章で言及しましたように、現在インターネット環境では、日経BP社系のITproなどいろいろな種類の総合情報サイトが運営されています。こうした情報サイトを活用することによって、有用な情報をいち早く入手できる可能性が高まりますので、各種の総合情報サイトに精通しなければなりません。しかし、すべての情報サイトが正しい情報を提供しているかどうかは、定かではありません。品質的に信頼のおけない情報もあり得ますので、図書館員には品質や信頼性を十分チェックできる知識が求められます。なお、利用者に情報サイトのこのような特徴、利点、欠点を知らせることも重要です。

情報技術とかかわる法律や権利に関する知識、さまざまな訴訟や事件に関する情報にも、目を配らなければなりません。5章で言及しましたように、図書館が裁判に巻込まれる危険性は、皆無ではないのです。また、近年個人情報の流出事件が多くなっているように思われますが、個人情報を扱う図書館、図書館員は、時代が変わっても常にこの問題を意識し、必要な知識や情報の入手に努めるべきといえます。

米国では学ぶべきテーマの例として、デジタルスカラーシップ、利用者志向のデザイン、図書館の出版活動などがあげられています(2)。また、米国議会図書館は、図書館・情報学等の修士課程修了者や博士資格取得予定者等を対象に、二〇一五年六月にデジタル資料保存に関するインターンシッププログラムを開始しました(3)。このようなテーマやプログラムは図書館員の問題対処能力の向上に役立つことは確かであると思われます。しかし、わが国と米国とでは環境や状況が異なりますので、こうした取組みをそのままわが国に取入れることは、難しいでしょう。

以上のことから図書館員に対しても、デジタルリテラシー教育が必要です。そして、図書館員を対象とするデジタルリテラシー教育は、利用者を対象とするものとは非常に特徴が異なったものとなるでしょう。利用者の場合は、デジタルコンテンツをいかに適切に利活用するかが中心となりますが、図書館員はデジタルコンテンツの適切な入手、提供、管理に、心がけねばならないからです。

3 図書館関連機関の活動への協力

図書館がさまざまの団体と協力活動や共同活動を行なうことは、今後ますます求められるようになると思われます。たとえば、ウィキペディアタウン活動やアーバンデータチャレンジへの協力、ハッカソンやアイディアソン(4)などがその一例です。デジタル資料を使って地域に眠っているアイディアの発掘、地域課題の取組みなどに図書館が協力することは、地域に貢献することになります。

図書館における情報技術とかかわる複数の団体が、現在積極的に活動しています。たとえば、Code4Lib JAPANは、専門家に限らず一般の図書館員に門戸を開放することで、図書館における情報技術活用の促進、図書館の機能向上を目指しています[5]。その活動の大きな柱が、図書館と情報技術を繋ぐために図書館員や技術者等が集って、アイディアやツールを紹介し、先進的な試みを共有するカンファレンスです。また、研究データ同盟（Research Data Alliance）も同様な活動を行なっています。この団体のInterest Group「研究データのための図書館」では、図書館による研究データへのかかわり方や，研究データに関係することが求められる時代に即した組織の再構築、組織の壁を超えた活動の必要性などが、指摘されています[6]。研究データ同盟の参加者には図書館員も多いといわれていますが、図書館における情報技術とかかわる複数の団体に図書館員が積極的に参加して、こうした活動へ寄与することは、極めて重要といえます。情報技術関連の動向を図書館員が把握するためのチャンネルとしても有効でしょう。

国立国会図書館は、二〇一二年に著作権法の改正で新設された三一条第三項によって、所蔵するデジタルコンテンツのうち絶版等資料に限って公共図書館や大学図書館等に、自動公衆送信することができるようになりました[7]。つまり国立国会図書館に関しては、インターネット環境でデジタルコンテンツを図書館に提供することができるように、著作権制限規定が設けられているのです。一方、大学図書館や公共図書館で作成されたデジタルコンテンツの多くは、公開され利用者がアクセスできるようになっていますが、こうしたコンテンツの提供に関しては、著作権制限規定はありません。しかし、図書館所蔵資料の大規模デジタル化はさらに進むと思われますので、デジタルコンテンツのインターネット利用を促進するために、著作権制限規定を拡大する必要はあると思われます。コンテンツ提供と著作権制度との関係には複雑な問題がいろいろありますが、図書館がこうした問題に積極的に関与することが、今後求められると思われます。

4　地方行政府や大学など図書館設置母体への積極的な働きかけ

公共図書館および大学図書館は、設置母体への働きかけをこれまで以上に重視しなければならないでしょう。情報技術の進歩・普及は、資料やコンテンツの主たる提供機関として君臨していた公共図書館や大学図書館の役割を著しく弱めている面があることは、否定できません。このような状況を打破するには、単なる資料やコンテンツの提供機関に甘んじているのではなく、新たな機能、役割を考えなければなりません。利用者ニーズや社会の変化をとらえ、それを先取した新しいシステムやサービスの開発・導入を志向することが必要でしょう。米国の公共図書館で3Dプリンターやメーカースペースが導入されているのは、新たな試みが必要なことを物語っています。わが国の公共図書館でも3Dプリンターの導入例がみられます。長野県の塩尻市立図書館は、二〇一五年七月に3Dプリンターを導入しました。その意図は、商品の開発など日本のものづくりを支える図書館機能の創出であり、ものづくりのまち塩尻において、単に本を貸すだけの場所ではない新しい図書館の姿を示そうということのようです(8)。

設置母体での経営・運営業務および利用者対応にかかわる政策立案や意思決定への参画を試み

ることも、意義があるでしょう。たとえば、大学における教育プロジェクトの一つであるＭＯＯＣを真に教育的に意味のあるものにするためには、図書館の関与は不可欠と思われます。インターネット環境での個人ベースの教育・学習が今後ますます主体となっていくと思われる大学教育において、図書館の果たす役割は、強まると考えられます。

近年、大学界では、Institutional Research ということばが注目を浴びるようになってきました。Institutional Research とは、教育、財務など大学内にあるさまざまなデータを収集・分析・評価・活用し、大学の経営改善、学生支援、教育の質の向上などにかかわる方策の立案・実行・検証を行なう活動ということができます。わが国でも、同志社大学を中心として四大学によって大学ＩＲコンソーシアムが形成されています(9)。この種の業務は図書館とは一見無関係のようですが、データの収集・分析・評価などは図書館固有の業務であり、図書館員が力を発揮できる可能性がありります。図書館の存在意義を示すためにも、このような分野にも図書館が積極的に参画することが望まれます。

1　「改正司書養成科目に関するＱ＆Ａ　4改正図書館に関する科目（各論）関係」 http://www.mext.go.jp/a_menu/shougai/gakugei/shisyo/1283540.htm

2　Bell, Steven. Professional development, expert networking, evolving professional identity, and the future roles of ACRL. *New roles for the road ahead.* http://acrl.ala.org/newroles/?page_id=275

3 National Digital Stewardship Residency.　http://www.digitalpreservation.gov/ndsr/

4 瀬戸寿一「地域課題解決に向けた空間情報の活用 - UDC2015本格始動！」『カレントアウェアネス - E』二〇一五、二八八号　http://current.ndl.go.jp/e1709

5 「Code4Lib JAPANとは」　http://www.code4lib.jp/

6 相原雅樹「研究データ同盟第5回総会〈報告〉」『カレントアウェアネス - E』二〇一五、二八一号　http://current.ndl.go.jp/e1676

7 国立国会図書館「図書館向けデジタル化資料送信サービスについて～サービスの概要～」二〇一三　http://www.ndl.go.jp/jp/event/events/01gaiyo.pdf

8 伊東直登「塩尻市立図書館で3Dプリンター利用をスタート」『カレントアウェアネス - E』二〇一五、二九二号　http://current.ndl.go.jp/e1730

9 大学IRコンソーシアム　http://www.irnw.jp/

おわりに

本書は、初め「情報技術と図書館の歩み」の内容で図書館サポートフォーラムシリーズの一冊として企画されましたが、その後、細野と長塚による十数回に及ぶ論議を経て「デジタル環境と図書館の未来」というより広い視野でまとめることになりました。これは、従来ともすれば、情報技術が図書館内の業務との関連に限定されて論じられることが多く、そのことが今後の図書館の方向を考えるさいに思考の範囲を狭めているのではないかとの思いがあったためです。

情報技術について取上げる際に、図書館の業務にどのように情報技術が組込まれ利用されるようになってきたのかという視点だけでなく、どのような情報技術が社会で利用されており、それらの情報技術は図書館にどのような影響を及ぼしているのか、さらに今後どのような影響を及ぼして行くのだろうかとの視点を組込んでまとめられないかと考えるようになりました。このような意図を反映して、多くの章で、今後の図書館の役割や業務に関係し始めている、あるいは今後関係して来るであろう情報技術にも意識して触れるようにしています。

そこから見えてきたことは、利用者に資料を整理、保存して利用に供する場としての図書館に求められる役割は最近の十年間を見ても、図書館が扱う雑誌や書籍など各種資料のデジタル化の進展や図書館の外で生じたスマートフォンのような携帯型の情報端末の普及により大きく変化していると言うことでした。実際に、本書で取上げてきましたように、図書館はデジタル環境の進展に対応し、さまざまな取組みを行ない、社会全体のデジタル環境の拡大とインターネットなどのネットワーク環境の急速な広がりに対応してその姿を変えてきているということでした。多くの図書館はインターネットでの書籍の検索や予約、電子書籍の貸出しサービスなどデジタル環境下での新らたな役割を創造してきています。

もちろん、社会のさまざまな面におけるデジタル化は今後もさらに進んでゆくことでしょうから、そのような新たな環境の下での社会的な役割を果たすために、図書館の利用者にとって、より利便性が高いサービスを創造していくことが求められるでしょう。その時には、図書館で利用されている情報技術だけでなく、広く情報技術全般に関心を持ち、新たなサービスとして図書館に導入できるかどうかという視点を忘れないようにすることが大切であることに変わりはありません。デジタル環境の進展の中で、実際に、その時代にふさわしい未来の図書館は、現在、さまざまな形で図書館の業務にかかわっているみなさんが図書館の利用者と共に考え創り出されていくものと確信しています。

本書は、1章、3章、5章、7章、9章、10章、11章を細野が、2章、4章、6章、8章を長塚が担当して執筆しました。

図書館や情報にかかわるみなさん、また、図書館を利用しているみなさんにとって、本書が今後の図書館のあるべき姿を考えるうえでお役に立つことを願っています。

二〇一六年一月

細野　公男
長塚　隆

【ゆ】

【ら】

【り】

【れ】

【ろ】

【わ】

索引

著者紹介

細野 公男（ほその・きみお）

慶應義塾大学名誉教授。1940年生。1982-2006年慶應義塾大学教授、2001-2005年慶應義塾図書館長。

【主要著書・論文など】『情報システム学へのいざない：人間活動と情報技術の調和を求めて』(共編著、改訂版、培風館、2008)。『講座図書館の理論と実際 第5巻』(雄山閣出版、1991)。「福島原発事故への対処法 — データ、情報、知識の観点から」『情報知識学会誌』(2012) ほか論文多数。

長塚 隆（ながつか・たかし）

鶴見大学文学部ドキュメンテーション学科 図書館員リカレント教育推進寄附講座 教授。1948年生。国際図書館連盟(IFLA) アジア＆オセアニア地区常設委員会委員。

【主要著書・論文など】『数を表現する技術：伝わるレポート・論文・プレゼンテーション』(監訳、オーム社、2006)。『図書館情報学のフロンティア 10 図書館・博物館・文書館の連携』(共著、勉誠出版、2010)。『情報リテラシー［第3版］』(共著、樹村房、2012)。ほか論文多数。

<図書館サポートフォーラムシリーズ>

デジタル環境と図書館の未来

—これからの図書館に求められるもの

2016年3月25日 第1刷発行

著　者／細野公男, 長塚 隆

発行者／大高利夫

発行所／日外アソシエーツ株式会社

〒143-8550 東京都大田区大森北 1-23-8 第3下川ビル

電話 (03)3763-5241(代表) FAX(03)3764-0845

URL http://www.nichigai.co.jp/

発売元／株式会社紀伊國屋書店

〒163-8636 東京都新宿区新宿 3-17-7

電話 (03)3354-0131(代表)

ホールセール部(営業) 電話 (03)6910-0519

組版処理／日外アソシエーツ株式会社

印刷・製本／株式会社平河工業社

ISBN978-4-8169-2589-4　***Printed in Japan,2016***

図書館サポートフォーラムシリーズの刊行にあたって

図書館サポートフォーラムは、図書館に関わる仕事に従事し、今は「卒業」された人達が、現役の図書館人、あるいは、図書館そのものを応援する目的で、1996年に設立されました。このフォーラムを支える精神は、本年で16回を数えた「図書館サポートフォーラム賞」のコンセプトによく現れていると思います。それは、「社会に積極的に働きかける」「国際的視野に立つ」「ユニークさを持つ」の三点です。これらについては、このフォーラムの生みの親であった末吉哲郎初代代表幹事が、いつも口にしておられたことでもあります。現在も、その精神で、日々活動を続けています。

そうしたスピリットのもとに、今回「図書館サポートフォーラムシリーズ」を刊行することになりました。刊行元は、事務局として図書館サポートフォーラムを支え続けてきている日外アソシエーツです。このシリーズのキーワードは、「図書館と社会」です。図書館というものが持っている社会的価値、さらにそれを可能にするさまざまな仕組み、こういったことに目を注ぎながら刊行を続けてまいります。

図書館という地味な存在、しかしこれからの情報社会にあって不可欠の社会的基盤を、真に社会のためのものにするために、このシリーズがお役にたてればありがたいと思います。

2014年10月

シリーズ監修

山﨑　久道（図書館サポートフォーラム代表幹事）

末吉　哲郎（図書館サポートフォーラム幹事）

水谷　長志（図書館サポートフォーラム幹事）